내가 먼저
희망이 되어야지

내가 먼저 희망이 되어야지

2016년 4월 22일 교회 인가
2017년 4월 30일 초판 1쇄 펴냄

지은이 · 안여일
펴낸이 · 염수정
펴낸곳 · 가톨릭출판사
편집 겸 인쇄인 · 홍성학
디자인 자문 · 이창우
편집장 · 이현주 | 편집 · 김소정, 전혜선
디자인 · 강해인
마케팅 · 강시내

본사 · 서울특별시 중구 중림로 27
지사 · 경기도 고양시 일산동구 노첨길 65
등록 · 1958. 1. 16. 제2-314호
전자우편 · edit@catholicbook.kr
전화 · 1544-1886(대)/ (02)6365-1888(영업국)
지로번호 · 3000997

ISBN 978-89-321-1477-4 03230

값 10,000원

©안여일, 2017

인터넷 가톨릭서점 http://www.catholicbook.kr
직영 매장: 명동대성당 (02)776-3601, 3602/ FAX (02)776-1019
　　　　　 가톨릭회관 (02)777-2521/ FAX (02)6499-1906
　　　　　 서초동성당 (02)313-1886
　　　　　 서울성모병원 (02)2258-6439, (02)534-1886/ FAX (02)392-9252
　　　　　 절두산순교성지 (02)3141-1886/ FAX (02)3141-1886
　　　　　 미주지사 (323)734-3383/ FAX (323)734-3380

가톨릭의 모든 도서와 성물을 '인터넷 가톨릭서점'에서 만나 보실 수 있습니다.

이 도서의 국립중앙도서관 출판예정도서목록(CIP)은 서지정보유통지원시스템 홈페이지(http://seoji.nl.go.kr)와 국가자료공동목록시스템(http://www.nl.go.kr/kolisnet)에서 이용하실 수 있습니다. (CIP제어번호: CIP2017007264)

이 책은 저작권법에 의해 보호를 받는 저작물이므로 무단 전재와 무단 복제를 금합니다.

생의 마지막 길에 선 이들에게
30년 넘게 작은 사랑을 선물한
한 봉사자의 이야기

내가 먼저 희망이 되어야지

안여일 지음

가톨릭출판사

추천의 말

지금 이 순간을 더 충실하게 살도록

겸허하고 담담한 필치로 써 내려간 저자의 체험적 고백록을 한 번 읽는 것만으로도 공부가 된다. 이 세상에서의 여정을 마치고 저세상으로 건너가는 환우들이 겪는 아픔, 그 가족들의 슬픔에 혈친도 아니면서 최선을 다하는 사랑의 배려, 영적인 돌봄에 잔잔한 감동을 받는다.

이 책은 언젠가 마주하게 될 우리 자신의 죽음을 미리 묵상하며 지금 이 순간을 더 충실히 깨어 살고 싶은 신앙적 갈망을 더해 준다.

이해인 수녀, 시인

추천의 말

낮고 낮은 한 사람의 진한 사랑 이야기

내 품에 사람을 안고 그 사람이 눈을 감는 순간을 경험한 적이 있다. 그 대상이 사랑하는 가족일지라도 끝내 손을 놓고야 마는 것이 인간의 한계인 것이다. 그 죽음의 벼랑 끝에 선 사람들, 스스로 '끝'이라는 현실을 아는 그 사람의 생의 마지막 절망을 포근히 감싸 주는 사람이 있다는 것은 감사라는 말로는 턱없이 부족할 것이다.

그런 아스라한 절벽에 있는 사람들, 한 사람도 아니고 많은 사람들의 생의 끝을 함께한 안여일 봉사자에게, 내 이마를 그의 발등 위에 대고 싶을 정도다. 마지막은 생의 전부일 것이다. 노숙자며 바닥 인생을 돌보는 이 책의 주인공은 스스로 육체의 고통을 경험한 이후에 자신을 약자에게 내놓은 분이다. 더 놀라운 것은 떠나는 모두가 마지막 생의 이야기를 그에게 털어놓는 것이었다.

몸에 가시 하나도 남기지 않고 떠나고 싶은 사람들의 생의 가시를 다 뽑아 주고, 그 상처를 따뜻한 손으로 쓰다듬어 준 것은 차라리 은혜일 것이다. 세상에 그런 자비와 은혜가 어디 있겠는가. 이 책은 고백록도 자서전도 역사의 기록도 아니다. 하느님에게로 가는 마지막 정거장에서 인생의 착한 마무리를 함께한 낮고 낮은 한 사람의 진한 사랑 이야기다. 그런데 너무 높게 우러르게 되고, 오래도록 가슴이 찡하다. 그 여운이 통 가시질 않는다.

신달자 시인

손녀가 할머니 책에 부치는 글

할머니가 아닌,
'안여일 데레사'로 이야기하는 책

 나는 태어날 때부터 할머니와 함께 살았다. 18년 동안 변함없이 큰 사랑으로 나를 돌봐 주신 할머니. 나의 18년은 할머니 없이는 이야기할 수 없다. 할머니는 그만큼 나에게 많은 영향을 주셨고, 나의 정신적 지주가 되셨다.

 할머니는 내게 많은 이야기를 해 주셨다. 호스피스 봉사자였을 때와 연령회 회장이었을 때 겪었던 이야기, 살면서 체험한 이야기, 그리고 할머니 역시 어린 소녀였을 때의 이야기들을 말이다. 그 어느 하나 가벼운 이야기가 아니었다. 나는 할머니의 이야기를 들으며 성장했다. 이야기를 들으며 같이 웃기도 하고, 공감도 하고, 많은 생각을 했다. 할머니의 이야기와 기도 속에서, 나는 더 나은 사람이 되려고 노력했고, 지금도 노력하고 있다.

그렇지만 할머니의 모든 이야기를 알고 있지는 않다. 할머니께서 이야기해 주신 것들만 알고 있을 뿐이다. 그러던 어느 날, 할머니께서 책으로 당신의 이야기를 내 보고 싶다고 말씀하셨고, 나는 할머니께 노트북으로 타자 치는 법을 알려 드렸다. 그러고는 잊고 있었는데, 할머니는 마침내 이야기를 다 완성하셨다. 컴퓨터를 완전히 다루지 못하셨는데도, 돋보기를 쓰고 느린 손을 움직여 가며 완성하셨다. 내가 생각해도 참으로 대단한 열정이다.

이 책은 그런 할머니의 이야기가 담긴 책이다. 우리 할머니의 노력과 수고와 애정이 가득 담긴 책이다. 할머니는 이제 나의 할머니로 이야기하시는 게 아니라, '안여일 데레사'로 이야기하신다. 용기를 내신 할머니께 박수를 보내며, 이 책을 읽는 모든 분들에게 주님의 은총이 함께하기를 기도드린다.

손녀 왕현지 레나

머리말

어려운 이들에게 기쁨을 주는 작은 꽃

한평생 살아오면서 참으로 힘들고 어려운 일들을 경험했다. 30여 년 전부터 그 경험들을 그때그때 끼적거린 것을 어느 날 무심코 들여다보았다. 보다 보니, 문맥도 안 맞고 표현도 턱없이 부족하다는 느낌. 그래도 그냥 버리기에는 너무나 소중한 기억들이었다. 그래서 용기를 내어 이렇게 책으로 옮기게 되었다.

사실 이렇게 이야기를 펼쳐 놓기까지 결코 쉬운 일은 아니었다. 나와 우리 이웃들의 이야기이기에 조심스러웠다. 그러나 나는 그분들에게 분에 넘치는 사랑을 받았다. 생에서 죽음으로 가는 그분들의 길에 그분들과 함께 함으로써 삶을 배웠다. 아주 고귀한 경험이었다. 나 역시도 그분들과 같은 환자가 되기도 했다. 나는 그분들의 죽음의 자리에 함께했고, 그분들을 하늘나라로 배웅했다. 그분들을 보내고 난 빈자리에 이제는 내 안의 욕심, 자존심을 버린 절반의 삶을 살고 싶다.

내가 이웃에게 좋은 친구가 될 수 있었던 것은 부모님이 남기신 나눔의 삶이라는 사랑의 밑그림 덕분이었다. 거기에다 가족들의 동참과 무언의 격려가 큰 힘이 되었다. 그래서 힘들고 어려웠던 순간에도 기쁨으로 승화할 수 있었고, 행복했다.

아기 예수의 데레사 성녀는 하느님의 정원에 핀 작은 꽃이고 싶다고 했다. 나도 고통받고 어려움에 처한 이들에게 기쁨을 주는 작은 꽃이 되고 싶었다. 그들과 교감하고 그들의 고통을 조금이라도 덜어 줄 수 있기를 순박하게 희망했다.

나만이 간직하던 마음을 누군가에게 보여 주려니, 부끄러운 생각에 심장이 쿵쾅거리고 귓불이 빨개진다. 그러나 이제는 이 소중한 사연들을 많은 사람들과 나누고자 한다. 내 마지막 잎사귀가 떨어지는 날까지 나는 마음의 매무새를 여미며, 하느님과 이웃에게 감사하는 마음으로 살아갈 것이다. 이 세상에 미완성의 삶을 내려놓는 그 날까지……

목차

추천의 말
지금 이 순간을 더 충실하게 살도록 · 이해인 수녀　　　5

추천의 말
낮고 낮은 한 사람의 진한 사랑 이야기 · 신달자 시인　　　6

손녀가 할머니 책에 부치는 글
할머니가 아닌, '안여일 데레사'로 이야기하는 책　　　8

머리말 _ 어려운 이들에게 기쁨을 주는 작은 꽃　　　10

저하고 친구해요

떠나 보낸 첫사랑을 만나다　　　19

이제 모두 용서하고 용서받고 떠날래요　　　25

아빠, 잘못했어요　　　33

한 사람만을 품고 떠난 여행　　　38

저하고 친구해요	42
노숙자 아저씨와의 특별한 인연	50
이름처럼 반짝이는 별, 한별이	56
평생 나눔의 삶을 사신 어머니	59

하늘 가는 길목은 어떤 풍경일까요?

남편에게 여자가 있어요!	65
하늘 가는 길목은 어떤 풍경일까요?	70
아들 위해 택한 길	76
할머니와 네 자녀	82
쓴소리	88
도둑 누명	92
딸에게 버려진 할머니	97
개나리꽃 울타리 집에서	102

예쁜 옷 입혀 드릴게요

엄마가 보고 싶을 때는 어떻게 해요	**107**
새가 되어 훨훨 날고 싶어요	**112**
우연이 필연이 된 만남	**119**
예쁜 옷 입혀 드릴게요	**125**
더 간절히 필요한 곳에 쓰이길	**129**
240만 원이 든 통장을 건넨 할머니	**134**
소록도에 흐르는 사랑	**138**
움막에 살던 할머니	**143**

내가 가야 하는 길

종씨 누님이라고 부르던 논산 아저씨	**149**
욕쟁이 할머니의 기구한 사연	**153**
어머니의 위대한 힘	**158**

마지막까지 금슬이 좋았던 할머니와 할아버지	**164**
산 할아버지와 텃밭	**167**
물 한 잔만 주세요	**170**
숨은 꽃 터트리다	**174**
내가 가야 하는 길	**182**
맺음말 _ 영원한 친구와 손잡고	**184**
부록 _ 그리고 남은 이야기	**193**

저하고 친구해요

● 떠나 보낸 첫사랑을 만나다

 김태호 씨는 48세로, 폐암 환자였다. 나는 어느 해 가을, 암 병동에서 그를 처음 만났다. 그리고 중환자실 호스피스 병동에서 그를 다시 만났다. 암 말기의 이 환자에게는 죽음이 임박한 환자에게서 볼 수 있는 평온함이 있었다. 그는 죽음에 관한 이야기도 어렵지 않게 나누며, 자신이 어떤 상황에 처하더라도 담담하게 받아들일 준비가 된 듯했다. 그야말로 마음을 텅 비워 놓은 듯한 환자였다.

 "사실은 호스피스 병동으로 오면서 모든 것을 체념했어요. 그저 오늘 이 시간에 감사하며 살려고 합니다. 이 시간 후, 또 새날을 주실지 모르지만요. 병원 뒤뜰에 핀 벚꽃, 목련을 언제까지 볼 수 있을까요? 사랑하는 가족과 친구들의 모습은……."

그리고 그는 "저는 이제 아무 미련 없이 죽음을 맞이할 준비를 하고 있습니다. 사랑하는 아내와 오래 동행하지 못하게 되어 아내에게 정말 미안합니다. 제가 떠난 뒤에는 부모님 말씀에 따라 주십시오."라고 유언도 했다.

태호 씨는 유교 문화가 가장 깊이 뿌리내린 경상도 유교 집안의 3대 독자로, 문중 어른들의 기대와 관심 속에 성장했다. 좋은 학교를 졸업하고 이름 있는 회사에 입사했다. 그에게는 삶을 함께하고 싶은 사랑하는 여인도 있었다. 그러나 '많이 배운 여자는 팔자가 세어서 남편을 앞세운다'는 부모님의 커다란 반대에 부딪혔다.

"호적을 파거라. 내 눈에 흙이 들어가거든 그때는 맘대로 해라."

당시 그는 그 여인과 함께 유학을 준비 중이었기에 도망가듯 떠나 버릴까 생각도 했다. 그러나 부모님을 생각하며, 그리고 사랑하는 여인이 그럴 수는 없다며 말려서, 결국은 부모님의 뜻을 받아들였다. 몇 년 후 부모님의 주선으로 고등학교를 졸업한 여자와 맞선을 보고 그 이듬해 결혼을 했다.

그러던 지난해 크리스마스이브 날, 직장 동료들과 노래방에서 신나게 노래를 한 곡 부르는데 갑자기 가슴이 조이며 사레들린 것처럼 기침을 심하게 했다. 그러고는 별탈이 없어서 신경을 안 쓰고 지냈다. 그런데 어느 날, 기침이 심하게 나며 가래에 피가 섞여 나왔다. 이참에 종합 검진을 받아야겠다고 마음먹고 병원에 가서 검사를 받았는데, 결과는 뜻밖에도 폐암이었다. 그 길로 다른 병원에서 검사를 받았지만 결과는 똑같았다. 그는 심한 충격으로 병원에서 혼절해 링거를 맞고 몇 시간 만에 깨어났다고 했다.

태호 씨는 이런 지난날의 아픔을 남의 이야기하듯 말하곤 했다. 그러던 어느 봄날, 그는 햇살 좋은 창가 쪽으로 나를 조용히 이끌었다. 그리고 어렵게 말문을 열었다.

"저의 마지막 소원을 하나 부탁드리고 싶습니다. 죽을 날을 받아 놓은 사람이 옛날 여자 만나게 해 달라고 하면 웃음거리가 될 것 같아서 그동안 많이 망설였습니다. 그래도 그녀에게 지난날을 용서받고 싶습니다. 그리고 꼭 한번 그녀를 만나고 싶습니다. 도와주십시오."

그날 밤, 나는 이런저런 생각에 잠을 설쳤다. '어떤 여인일까? 결혼했으면 오기 어렵겠지……. 당연히 결혼했겠지? 만날 수 있을까? 불쑥 전화를 해서 어떻게 말을 꺼내야 할까?'

다음 날, 나는 마음을 차분히 하고 조심스럽게 전화 버튼을 눌렀다.

"여보세요. 김영희 씨 계신가요?"

"제가 김영희인데 누구세요?"

"저는 S병원 호스피스 봉사자입니다."

나는 태호 씨가 그동안 암으로 투병 중이었으며 남은 시간이 길지 않다고 말했다. 그리고 그가 꼭 한번 영희 씨를 만나고 싶어 한다고 하면서, 그의 '마지막 소원'이라는 말도 전했다.

상대방은 묻는 말도 없이 듣기만 했다. 나는 "마음이 정해지면 전화 주십시오." 하며, 일방적으로 전화번호를 알려 주었다. 상대방은 전화번호를 메모했는지 다시 번호를 확인했다. 수화기를 내려놓고 나서, 지금 그 여인은 어떤 심정일까 하는 궁금증이 들었다. 떠났으면 그만이지 지금에 와서 왜 이런 연락을 하냐며 불쾌할 수도 있고, 첫사랑인 그 사람이 마지막 가는 길에도 자기를 잊지 않고 기억해 주어서 고마울 수도 있다. 어쨌든 기다려 보기로 했다. 그런데 이틀 후, 그 여인에게서 전화가 왔다.

병원 로비에서 만난 그 여인은 차분하고 세련된 사람이었다. 나는 그녀를 병실에 데리고 갔다. 장래를 약속했던 첫사랑! 진정 사랑했기에 보내야만 했던 여인! 만감이 교차하는 태호 씨의 깊은 눈에는 눈물이 넘쳤다. 여인은 살며시 그의 손을 잡으며 "이런 모습 보이려고 떠났어?"라고 했다.

나는 병실을 나와 두 사람을 위해 묵주 기도를 했다. 30여 분 정도 지나, 여인이 병실을 나왔다. 그녀의 손에는 손수건이 쥐어져 있었다. 그녀는 눈물을 훔치며 "고맙습니다." 했다. 그리고 내 손을 잡고 "무슨 일이 있으면 꼭 연락해 주세요."라고 당부했다.

첫사랑의 여인을 만나고 정확히 27일 만에 김태호 씨는 아주 편안한 모습으로 깊고 영원한 잠에 빠져들었다. 나는 그녀에게 태호 씨의 임종 소식을 전했다. 발인하는 날, 나를 찾는 그녀의 시선이 보였다. 화장터로 가는 차 안에서 나는 두 사람의 애틋한 이야기를 들었다. 그녀는 사랑하기 때문에 물러서야 했으며, 그 이후로 그 자리를 채워 줄 만한 사람을 만나지 못했다고 말했다.

대부분의 암 환자는 자신의 비참한 모습을 남에게 보이길 싫어한다. 그런데도 태호 씨는 자신의 그런 모습을 첫사랑에게 보였고, 그녀는 보잘것없이 무너져 내린, 자신이 사랑했던 옛 사람의 모습을 보며 눈물을 글썽였다. '아! 이게 참사랑이구나.' 싶었다.

"이런 모습 보이려고 떠났어?"라고 했던 그 여인의 첫마디가 내 귓가에 긴 시간 동안 머물렀다. 오래도록 기억에 남는 첫사랑 환자다.

● 이제 모두 용서하고 용서받고 떠날래요

 아주 작은 뚝배기를 사기 위해 남대문 그릇 시장을 다녀왔다. 이 뚝배기에 삼삼한 된장찌개를 끓이기 위해서였다. 김순자 씨의 바람은 음식물이 자신의 목으로 꿀떡 넘어가는 소리를 들어 보는 것이었다. 특히 호박은 두툼하게, 두부는 도톰하게 썰어 넣고 끓인 찌개가 먹고 싶다고 했다.

 다음 날, 나는 정성을 다해 만든 된장찌개를 조그마한 보온병에 담아 뚝배기와 숟가락과 함께 들고 병원으로 갔다. 그리고 보온병에 담은 찌개를 뚝배기로 옮겨 순자 씨에게 갖고 갔다. 그녀가 과거에 자기가 먹었던 맛을 기억하고 이야기했기 때문에 신경을 많이 썼다. 나는 된장찌개 국물을 조금 떠서 먹여 주었다.

 "맛있어요, 입맛에 딱 맞아요."

"정말이에요?"

"네."

그녀는 눈물을 글썽이다가 이윽고 소리 내어 웃었다.

"남편이 너무 미워서, 그리고 시어머니와 시누이를 미워해서 몹쓸 병에 걸려 죽을 날을 기다리는 신세가 되었나 봐요."

아마도 가슴에 맺힌 응어리가 많은가 보다.

"결혼을 한 지 4년이 되었는데 아기가 없었어요. 시부모님은 손자를 간절히 바라셨지요."

그러면서 자신의 이야기를 이어 갔다.

임신이 되는 비법 음식이라면, 재료가 무엇인지 몰라도 역겨운 것들을 정성껏 먹었다. 한약도 먹고 병원에서 아들 낳는 처방도 받았지만, 임신이 되지 않았다. 아이 못 낳는 죄로 순자 씨는 잔뜩 움츠려 살아야 했다.

그러던 어느 날, 시어머니가 아기를 안고 집 안으로 들어오는데, 가슴이 철렁하고 눈앞이 아찔했다. 손자를 본 시어머니와 시누이의 웃음소리가 비수가 되어 가슴에 꽂히는 것 같았다. 더 버티고 살 자신이 없어 이혼을 청했을 때 은근히 좋아하던 시어머니와 시누이, 그리고 어정쩡한 남편의 태도. 부부가 돌아서면 남이라더니, 이 남자가 자기 남편이었나 싶었다.

몇 푼 안 되는 돈을 손에 넣고 무작정 서울로 와 온갖 궂은일을 하며 살았다. 그러다가 역 근처에 조그마한 식당을 열었는데 몇 년이 지나자 단골손님도 많아지고 장사도 제법 잘되어, 통장에 돈 불어나는 재미로 살며 바쁜 나날들을 보냈다.

그러다가 어느 날부터 갑자기 눈앞이 뿌옇게 흐려지고, 어지럼이 왔다. 하루 일을 마치고 나면 온몸이 나른해졌다. 체중도 줄고 입맛도 없었다. 불안한 느낌이 들어 병원에서 종합 검진을 받았는데, 결과는 간암으로 인한 악성 빈혈이었다.

"헛웃음이 나왔죠. '그래. 안 되는 놈은 자빠져도 코가 깨진다는 말이 바로 나를 두고 하는 말이구나.' 하고 생각했어요. 혼자 사는 몸뚱이라 죽어도 괜찮다고 하다가도, 혼자니까 더 악착같이 살아야겠다는 마음이 강하게 들었죠. 하지만 이미 몸은 암 덩어리에 굴복해 버렸던 것 같아요."

어느 여름날, 비가 억수같이 쏟아지고 천둥 번개가 무섭게 치는데 간호사님이 집으로 전화해서 김순자 환자가 찾는다고 알려 주었다. 나는 어릴 때 천둥 번개가 치면 자지러지게 놀란 기억이 있어, 지금도 무서워한다. 도저히 내키지 않았지만 후회할 일을 만들지 말자고 마음을 다독이며 빗속을 뚫고 병원으로 향했다.

"빗속에 오시라고 해서 미안해요."

"내가 많이 보고 싶었나 봐요."

내가 밝게 말하자, 그녀는 고개를 끄덕였다.

나는 침대 모서리에 앉아 뼈만 앙상하게 남은 그녀의 다리를 쓸어 주며 무슨 말을 할까 기다렸다. 이유가 있어 나를 불렀을 터였다. 이윽고 그녀는 핏기 없는 얼굴에 미소를 지으며 자신의 부탁을 들어 달라고 했다.

"무슨 일이에요?"

침묵이 흘렀다.

"편한 마음으로 이야기해 봐요."

"실은…… 어머니와 전남편이 청송에 살고 있어요."

그리고 잠시 쉬었다가 말을 이었다.

"죽기 전에 마지막으로 남편과 시어머니를 만나고 싶어요."

순자 씨는 눈물을 흘렸다.

"이제 모두 용서하고 용서받고 떠날래요. 봉사자님이 그렇게 해야 한다고 하셨잖아요. 그전에 이야기할 때만 해도 어림도 없었어요. 아기 못 낳은 게 모두 내 죄인가요? 남편한테 복수하고 싶었어요. 좋은 남자 만나서 아기 낳고 보란 듯이 살고 싶었어요. 어쩌면 내 운명은 이렇게 타고났나 봐요. 지금은 마음이 아주 편해요."

"그래요. 잘 생각했어요."

나는 환자의 두 손을 잡으며 말했다.

다음 날, 나는 청송에 있는 면사무소에 전화를 해서 사정 이야기를 하고 도움을 청했다. 직원이 전화를 끊고 기다리라고 하더니, 오래전에 다른 지역으로 전출했다며 어렵게 주소와 전화번호를 알려 주었다. 죽어 가는 사람이 마지막으로 부탁한 일이라 직원도 마음을 써 준 것 같았다. 그다음 날, 나는 직원이 알려 준 번호로 여러 번 전화를 걸었지만 아무도 받지 않았다. 밤 11시가 넘어서 다시 걸어 보았는데, 잠결에 전화를 받은 듯한 퉁명스러운 남자 목소리가 들렸다.

"여보세요. 이동건 씨 계신가요?"

"전데 누구세요?"

나는 병원 호스피스 봉사자라고 밝히고 김순자 씨가 그동안 암 투병 중이었으며, 마지막으로 시어머니와 이동건 씨를 만나고 싶어 한다고 말했다. 내가 여러 번 전화했었다는 말을 하자, 그는 어머니가 위독해서 병원에 있었다고 했다. 그러면서 순자 씨가 정말 죽게 되었느냐고 되물었다.

"김순자 씨가 간절히 원하고 있습니다. 부탁드리겠습니다."

나는 우리 집 전화번호를 알려 주었다. 일주일이 지나도 연락이 없었다. 그러다가 9일째 되는 날, "내일 서울 올라가는데 시골 사람이라 길을 잘 모릅니다. 봉사자님이 좀 도와주십시오." 하고 연락이 왔다. 병원에 같이 가 줄 수 있냐는 말이었다. 아무리 심장이 강한 사람이라도 왠지 대면하기가 거북스러울 것 같다는 생각이 들었다.

다음 날, 병원 로비에서 만난 낯선 남자를 병실로 안내했다. 드디어 오랜 세월 그리움과 원망과 미움의 앙금이 풀어지는 순간이었다. 전남편이 떠난 뒤, 순자 씨는 울먹거리며 "행복해요. 이제 죽어도 여한이 없어요. 남편이 잘못했다고 용서를 청했어요. 그리고 꼭 천국으로 가라고 했어요."

화해의 시간을 가질 수 있다는 것은 평화로운 또 다른 세상으로 떠날 수 있는 마음의 준비를 한다는 의미다.

"내가 떠날 때는 알리고 싶지 않아요."

그리고 나에게 "고맙습니다. 죽을 사람이 사랑한다고 해도 아무 의미가 없겠지만 그래도 사랑합니다. 고맙습니다."라고 했다. 임종을 앞둔 사람의 이 한마디에, 용광로에 쇳물이 흐르듯 뜨거운 전율이 온몸을 타고 흘렀다. 순자 씨가 마음에서 미움을 진작에 걷어 냈다면 그녀의 인생은 달라졌을까? 그녀는 "살면서 누군가를 뜨겁게 사랑해 보고, 나를 으스러지게 품어 주는, 그 품에 한번 안겨 보고 싶었어요."라고 했다. 몇 개월 후 그녀는 세상을 떠났다.

지금도 된장찌개를 끓일 때면 그녀가 생각난다.

● 아빠, 잘못했어요

"잘 다녀오세요."

아침에 출근 인사를 받고 나간 남편이 4시간 만에 뇌출혈로 쓰러졌다. 흔히 말하는 식물인간이 되어 4년 8개월을 투병했다. 그리고 결국 더 이상 어떤 의료 행위도 의미가 없다는 판정을 받았다. 부인은 남편에게 더 이상 고통을 주고 싶지 않았고, 편안한 임종을 위하여 퇴원을 결정했다.

최 선생님은 54세로, 그를 처음 만났을 때, 그의 인상은 학자 같았다. 눈썹이 길고 짙으며, 맑은 피부를 가진, 환자 같지 않은 환자였다. 하지만 손가락 하나 움직일 수 없고 천장만 응시하며, 눈동자만 좌우로 움직이는 환자였다.

최 선생님은 아들과 딸하고 친구처럼 다정하게 지내

던 아빠였다. 그런데 아들과 딸은 아빠가 집으로 온 후로 아빠 곁을 외면했다. 부인은 서운한 마음에 아들과 딸을 크게 나무랐지만, 아이들은 의식적으로 아빠를 피했다. 나는 아이들에게 아빠가 말씀은 못해도 다 들을 수는 있으니, 아빠와의 좋은 추억 또는 서운하게 한 일, 마음속에 하고 싶은 말을 많이 하라고 했다. 그러나 아이들은 여전히 아빠 곁에 가는 걸 피했다.

그날도 여느 날처럼 물수건으로 최 선생님의 얼굴과 손발을 닦아 주고, 입안도 거즈로 닦아 주었다. 그러면서 "정민이 보고 싶으시죠?" 했는데 그 순간, 나는 너무 놀라서 몸을 뒤로 젖히며 주저앉았다. 그가 "헉, 헉" 소리를 내며 얼굴 근육을 찡그리고, 무슨 말이라도 할 듯 입술을 우물거린 것이다.

나는 아이들을 큰 소리로 불렀다. 어제 빈혈 치료를 받고 퇴원한 부인이 놀라서 뛰쳐나왔다. 퇴원해서 한집에 살면서 처음 아빠의 모습을 본 아들은 아빠 가슴에 얼굴을 묻고 흐느꼈다. "아빠, 제가 잘못했어요. 저는 아빠의 이 모습을 믿을 수가 없었어요. 그리고 인정하기 싫었어요." 딸은 "아빠, 어떻게 해야 돼, 어떻게 해야 돼……." 하고 말끝을 흐렸다. 온 집 안이 울음소리로 가득했다. 최 선생님의 눈에도 눈물이 흘렀다.

아이들은 갑자기 식물인간이 된 아빠의 모습에 큰 충격을 받고 의식적으로 이를 인정하기 싫었던 것이다. 그러나 아빠는 식물인간이 되어서도 아들과 딸의 손길을 그리워했다.

최 선생님이 퇴원하고 멀건 미음으로 연명하다가 물 한 모금도 마실 수 없게 된 지 13일째. 내가 적신 거즈를 그의 입술 위에 얹어 놓으면 아주 작은 미동으로 입술을 움직일 뿐이었다. 내가 티스푼으로 물을 입안에 넣어 주었지만, 넘기지 못했다. 임종이 가까워졌음을 조금은 느낄 수 있었다. 그래서 나는 부인에게 조심스럽게 아이들이 아빠와 이별할 시간을 가질 수 있게 해 보라고 했다. 다음 날, 부인이 다음과 같은 이야기를 전해 주었다.

아들은 아빠와 긴 시간을 보냈다. 그러면서 "의로우며

자상했던 아빠의 모습을 잊지 않을 거예요. 아빠의 아들로 태어나게 해 주셔서 감사해요. 아빠와 함께한 해외 의료 봉사 활동은 제 인생에 좌표를 정해 주었어요. 이제는 엄마를 편안히 모실게요. 아빠와 엄마가 살아오신 모습대로 잘 살게요. 아빠, 그동안 잘못했어요."라고 말했다고 했다.

부인의 이야기를 듣고, 나는 가슴이 뭉클해지며 눈물이 앞을 가렸다. 그리고 얼마 후, 최 선생님은 이 세상에서 맺은 깊고 큰 인연과, 아름답고 슬프고 힘들었던 모든 끈을 풀었다. 물 한 모금 못 마신 지 17일째 되는 날, 그는 깊은 잠에 빠져들며 잠자듯 세상을 떠났다.

딸이 "아빠, 잘못했어요." 하고 몸부림치며 울었다. 부인은 남편의 얼굴을 쓸어 만지며 "여보, 그동안 아파서 고생 많았어요. 아픔이 없는 천국에서 나를 기다려요. 그리고 아이들은 내가 잘 키울게요. 여보, 미안해요." 그리고 긴 입맞춤을 하고, 서서히 식어 가는 남편의 체온을 느끼며 한참 동안 남편 가슴에 몸을 포개고 있었다.

정말 아름다운 이별의 순간이었다. 남편과 아빠를 보낸 이 가족은 그 후 살던 곳을 떠났다. 그리고 3년 후, 나는 부인의 전화를 받았다. 아들은 아빠의 뒤를 이어 의대생이 되었고, 딸은 디자이너 공부를 한다고 했다. 그리고 자신은 시집간 딸 하나를 둔, 4년 전에 상처(喪妻)한 대학 동기를 만난다고 했다.

그래, 그래야지. 산 사람은 산 사람으로서 사랑하면서 또 다른 사랑을 위하여 살아가야 하지 않을까? 그래야 하늘나라에 간 최 선생님도 "그래 여보, 잘했어." 할 것 같다.

🟠 한 사람만을 품고 떠난 여행

하얀 피부에 눈이 크고 덧니가 매력적인 일본인 이숙자 씨는 63세로, 유방암 환자였다. 그녀는 젊은 날, 일본으로 파견 온 한국인 직장 동료와 3년간 연애했다. 그러나 결혼을 약속했던 사람을 찾아 한국에 왔을 때, 그가 이미 가정을 이룬 유부남이었다는 것을 알고 눈앞이 캄캄했다.

숙자 씨는 친정어머니에게 이 기막힌 사실을 차마 이야기할 수가 없었다. 그래서 일본으로 가는 것을 망설이게 되었다. 일본에서는 그와 한 가족처럼 지냈기에, 어머니가 충격을 받고 건강이 나빠질까 봐 걱정이 되어 한국에서 잘 지내고 있다고 이야기하곤 했다. 그러나 그때 솔직히 말하지 못한 것이 평생의 큰 아픔이 되었고, 그녀는 죄책감으로 괴로워했다.

어느 날, 나는 대한민국이라는 땅에 피붙이 하나 없는 숙자 씨와 강원도로 2박 3일 여행을 가게 되었다. 내가 그녀의 마지막 여행 동반자가 된 것이다. 죽음을 앞둔 환자와의 여행이 걱정되었기에, 만일을 대비해 가까운 병원의 전화번호도 챙겼다.

오전에 병원 퇴원 수속을 마치고 오후에 터미널에서 출발했다. 차창 밖에 드리운 쪽빛 하늘, 곱게 물든 단풍잎, 노란 황금 들판이 백지 위에 한 폭의 수채화로 옮기고 싶다는 생각이 들게 했다.

우리는 숙소에 배낭을 내려놓고 잠시 피로를 풀었다가 택시를 타고 대포항으로 갔다. 서로 손을 꼭 잡고 관광객들 틈에 밀리면서도 생전 처음 보는 물고기를 구경하는 재미에 시간 가는 줄 몰랐다. 언니와 여행 온 느낌이었다.

저녁 식사를 하고 야경이 아름다운 바닷가를 걸으며, 숙자 씨는 한국 남자와 설악산에 왔었다고 이야기했다. 결국 그녀는 삶의 마지막에 사랑하는 사람과 함께 여행

한 장소로 추억 여행을 온 것이었다. 처음 여행을 함께 갈 수 있느냐고 했을 때는 장시간의 여행이라 말렸는데, 꼭 가고 싶다고 한 그 마음을 이제야 알 수 있었다.

그런데 여행이 무리였는지 숙자 씨는 밤새 힘들어했다. 그래서 다음 날 병원을 가기 위해 아침 일찍 서둘렀다. 숙자 씨는 괜찮으니 너무 걱정하지 말라며 나를 안심시켰다.

'주님, 이 가련한 자매를 보호해 주소서. 그리고 이 여인의 삶의 여정에 제가 동반자로 선택된 것에 감사드립니다. 이 세상에서의 마지막이 될 아름다운 여행을 아무 탈 없이 기쁨으로 마무리하게 도와주소서.'

다행이 여행을 무사히 끝마치고 돌아올 수 있었다.

그 후 음성 꽃동네에 입소하게 된 숙자 씨는 함께 인솔해 온 나에게 꿈같은 여행을 할 수 있게 도와줘서 고맙다고 하며 눈물을 흘렸다. 헤어짐의 시간이 다가오자, 그녀는 내 손가락을 잡고 놓지 않았다. 그리고 목멘 소리로 물었다.

"언제 만나죠?"

"또 올게요. 식사 잘하고 계세요."

돌아오는 길에 나는 마음이 아프고 우울했다. 몇 개월 적응 시기가 필요하다고 하여 가지 못하고 있었는데, 꽃동네로 간 지 9개월 만에, 뜻밖의 임종 소식을 그곳 수녀님이 전해 왔다. 숙자 씨는 저세상에 가서도 함께 여행한 친절을 잊지 않겠다고, 매우 고마웠다고 꼭 전해 달라고 부탁했다고 했다.

언젠가 숙자 씨에게 결혼을 하지 왜 혼자 살았냐고 물은 적이 있었다. 그때 그녀는 그 한국 남자를 진심으로 사랑했기에 용서했고, 마음속에 오직 한 사람의 사랑만을 담고 싶다고 했다. 언니가 있었으면 좋겠다고 가끔 생각했는데, 숙자 씨가 그랬다. 아픈 자매로서 나와 인연을 맺었지만, 그녀는 언니 같은 마음으로 나를 살펴 주었다.

🟠 저하고 친구해요

깔끔하면서도 자존심이 강해 보이는 첫인상을 가진 김정해 씨는 56세로, 위암 말기 환자였다. 어떠한 의료 행위도 더 이상 의미가 없었기에 퇴원한 그녀는 분노와 절망으로 하루하루를 보내고 있었다.

정해 씨는 첫 만남부터 어려움이 많았다. 그녀는 내가 찾아가도 나를 마주하기를 꺼려해서, 처음에는 일주일에 한 번씩 방문하면서 방문 앞에서 환자가 들을 수 있도록 기도만 하고 돌아왔다. 어느 날인가 여느 때처럼 방문 앞에서 환자를 위한 기도를 하는데 "시끄러워요!" 하고 앙칼진 소리가 들려왔다.

"당신이 기도한다고 내 목숨 살릴 수 있어? 나를 그냥 내버려 둬! 내 부모 형제도 인연 끊고 산 지 오래되었는데!"

그러면서 울음을 터트리는 소리가 들렸다. 나는 무거운 발걸음으로 집에 돌아왔다. 어느 날은 환자를 위한 기도를 바치고 난 뒤 조심스럽게 방문을 노크해 보았다. 그런데 순간 무엇인가 둔탁한 물건이 문에 부딪혔다.

"내가 무슨 잘못을 했어?"

정해 씨는 기운 빠진 목소리로 울부짖었다.

"뭘 잘못했냐고!"

나는 문밖에서 그녀에게 말했다.

"그래요, 실컷 울어요. 울고 싶을 때 울어요. 원망하고 싶은 사람 원망하고, 속이 후련해지도록 울어 봐요."

그리고 조심스럽게 말을 이었다.

"정해 씨, 저하고 친구해요. 저도 많이 아파 본 경험이 있어서, 정해 씨가 얼마나 힘들고 생사의 갈림길에서 혼란스러울지 조금은 알 것 같아요. 저는 정해 씨와 친구가 되고 싶어요."

며칠 후, 나는 또 얼마나 구박을 받을까 생각하며 집을 나섰다. 그런데 대문을 열어 주는 정해 씨 남편의 표정이 왠지 밝아 보였다. 남편이 방문을 열고 들어서며 나에게 들어오라는 눈짓을 했다. 정해 씨가 침대 위에서 깡마른 손을 내밀며 "미안해요."라고 했다. 나는 얼른 그녀의 손을 맞잡았는데 손이 수수깡처럼 가벼웠다. 나는 맞잡은 손을 내 얼굴에 대며 말했다.

"정해 씨, 고마워요, 만나 줘서. 그리고 그동안 귀찮게 해서 미안해요. 많이 힘들지요?"

정해 씨는 "네." 하며 고개를 끄덕였다.

"혼자 있으면 두렵고, 가슴이 터지도록 울고도 싶고, 큰 소리 내어 웃고도 싶고, 침이 마르도록 이야기도 하고 싶어요."

정해 씨의 말에 평화로운 화해의 감격이 내 가슴으로 밀려왔다.

"얼마 전에는 시댁 조카가 병문안이라고 왔는데 너무 꼴 보기가 싫어서 빨리 가라고 소리 질렀어요."

"왜 그랬어요, 같이 이야기도 하고 그러지."

"나는 절망감으로 죽을 날이 오늘인가 내일인가 두려

움에 떨고 있는데, 고운 옷으로 멋을 내고 왔어요. 반지랑 목걸이 줄줄이 하고 죽어 가는 사람 구경 온 것 같아 얄미웠어요. 내가 무슨 잘못을 했기에 죽어야 해요. 잘못한 사람은 남편인데, 내가 왜 죽어야 해요?"

정해 씨의 남편은 친척에게 사업 자금을 빌려 물류 사업을 하다가 빚만 지고 망했다. 정해 씨는 수학 교사였는데, 본인 퇴직금으로도 빚 청산하기에는 모자랐다. 결국 남편은 경제 사범으로 수감 생활을 했으며, 빚쟁이들은 안방을 차지하며 그녀를 위협했다.

이로 인해 정해 씨는 극도의 불안과 초조함에 시달리며 소화 불량을 겪었으나, 신경성일 거라고만 생각하고 오랫동안 신경성 위장약을 복용했다. 그런데 어느 날 윗배에 통증이 심해서 병원에 가서 위내시경을 받았는데 결과는 위암 말기였다.

'결국 내 인생이 이렇게 비참하게 끝나는구나. 그래, 이 상황에서 차라리 죽는 게 낫지.'

정해 씨는 모든 것을 체념하며 절망의 늪에서 허우적

거리고 있었다. 그러던 와중에 '친구하자'는 나의 말에 처음에는 '누굴 놀리는 거야?' 하고 화가 났다고 했다.

"곁에 있던 사람도 다 떠나가는데 친구가 되어 달라니……. 그런데 한두 번도 아니고 내 병적인 히스테리를 계속 받아 주며 친구가 되겠다는 말에 결국 감동을 받았죠. 그리고 솔직히 어떻게 생긴 여자인지 궁금하기도 했어요!"

나는 현실을 인정하며 오늘 이 시간에 감사하고, 내일을 주시면 또 감사하고 마음에 평정을 가지라고 조언하며 틈틈이 그녀를 돌보아 주었다. 시간이 지나자 정해 씨의 마음이 많이 안정되어 보였다. 하지만 내면의 아픔은 그 누구도 헤아릴 길이 없을 것이다.

어느 날 새벽 2시경, 남편에게서 전화가 왔다.

"정해가 이상해요. 숨을 안 쉬는 것 같아요."

남편의 전화가 의사도 아닌 나에게 먼저 걸려 왔다. 서둘러 정해 씨를 대학 병원 응급실로 옮겼다. 그리고 중환자실에서 다시 일반 병실로 온 지 20여 일이 지났다.

"정해 씨, 어머니 오시라고 할까요? 많이 보고 싶어 했잖아요. 지금 살아 있는 것에 후회가 없게 해요."

뼈에 살가죽만 붙어 있는데 어디서 그렇게 끊임없이 눈물이 나올까. 눈물이 정해 씨의 볼을 타고 흐른다. 나는 지금 할 수 있는 최선의 일인 정해 씨의 친정어머니를 모셔 오기로 하고 그녀의 남편을 재촉했다. 남편은 죄책감에 고통스러워하며 그녀의 손을 잡고 말했다.

"정해야, 미안하다. 정말 미안하다. 이 못난 놈을 절대로 용서하지 마라. 이 죽일 놈을 용서하지 마라."

밤늦게 사위의 전화를 받은 친정어머니와 여동생 내외가 새벽에 병실을 찾았다. 사위는 장모님을 뵙자 그대로 바닥에 엎드려 울면서 큰절을 했다.

"장모님, 잘못했습니다. 잘못했습니다."

친정어머니는 "왜 진작 연락을 하지 않았냐." 하며 꺼져 가는 딸의 숨소리를 지켜보았다.

"정해야! 아이고 이것아, 어쩌면 좋으냐."

정해 씨는 겨우 알아들을 수 있는 목소리로 말했다.

"엄마, 죄송해요. 보고 싶었어요. 그리고 이 서방을 용서해 주세요."

그리고 여동생에게도 말했다.

"강해야, 미안하다. 형부를 용서해 다오."

정해 씨는 남편에게 말했다.

"사실 난 당신을 용서할 수 없었어요. 그런데 봉사자님과 대화하면서 당신을 이해하게 되었어요. 그리고 나에게 소중한 사람이었다는 것을 알았어요. 아프지 말고 술 담배 끊고 오래 살아요. 아들도 이제 컸으니 나중에 좋은 짝 만나서 잘살게 도와줘요."

이렇게 정해 씨는 하늘 가는 길에서 그렇게도 미워했던 남편을 용서했다. 그리고 좋은 친구가 옆에 있어서 행복하고 외롭지 않았다며 나에게 고맙다고 했다. 이틀 밤을 지낸 후, 정해 씨는 미움도 사랑도 훌훌 털고 평화로운 또 다른 세상으로 여행을 떠났다.

그 후 1년쯤 지나, 정해 씨 남편과 차 한 잔을 나누게 되었다. 그는 나를 평생 잊을 수 없을 것이라고 했다. 그 이야기를 들으며 문전 박대를 받으면서도 참 잘 기다렸다는 생각이 들었다.

🟠 노숙자 아저씨와의 특별한 인연

늦은 봄이라도 옷깃을 여미게 하는 날씨였다. 나는 버스를 타고 김소문 할머니 댁으로 향했다. 할머니는 76세로, 목소리도 화통하고, 폐품 아저씨와 200원 때문에 핏대를 세우며 싸우는 분이었다. 할머니는 정신이 조금 온전치 못하지만 착한 아들과 함께 살고 있었다. 그날은 할머니가 지하 방을 나와 다른 곳으로 이사하는 날이었는데, 살림살이가 단출해서 이사를 일찍 끝낼 수 있었다.

이삿짐을 정리하고 돌아오는 지하도에서, 50대 초반으로 보이는 남자가 흰 운동모를 깊이 눌러 쓰고 앉아 있는 모습이 보였다. 옆에는 검정 배낭이 놓여 있었다.

"아저씨, 집 나왔어요?"

내가 말을 걸자 그 남자는 더 깊숙이 얼굴을 양 무릎 사이에 묻었다. 나는 주머니에 있는 돈 만 원을 쥐어 주고 빵이라도 사 먹으라고 하면서 물었다.

"아저씨, 고향이 어디예요?"

"영월입니다."

"나도 강원도 사람이에요. 사정이야 다 있겠지만 이렇게 살기 시작하면 더 힘들어져요. 가족이 얼마나 애타게 찾겠어요? 그러니 집으로 들어가도록 하세요."

그러고는 그 남자와 헤어졌다.

약 5년 후, 나는 굴다리 재래시장 가는 길의 빨간 벤치에 행색이 남루한 어떤 남자가 맥없이 앉아 있는 모습을 보았다.

"아저씨! 어디 가지 말고 여기 있어요. 밥을 가지고 올게요."

나는 작은 양푼에 보리밥과 갖은 나물에 고추장에 계란까지 넣고 그에게 갔다.

"천천히 먹어요."

그의 모자와 옷은 꺼무죽죽하고 찌들어 반질반질했고, 머리카락은 목덜미를 덮고 땀 냄새가 시큼하게 났다.

아마도 오랫동안 노숙 생활을 한 것 같았다. 어느 집의 가장이며 아이들 아빠일 텐데……. 안타까운 마음이 들었다.

"밥 더 줄까요?"

"아니요, 고맙습니다. 잘 먹었습니다."

내가 빈 그릇을 챙기며 일어서는데 그가 조심스럽게 나에게 말을 다시 걸었다.

"저……."

"왜요?"

나는 속으로 돈 이야기를 하려나 보다 생각했다.

"저…… 몇 년 전에 지하도에서 저에게 만 원을 주셨지요?"

나는 순간 멈칫했다. 너무 놀라서 말이 얼결에 튀어나왔다.

"그럼 그때 그 아저씨가 이렇게 거지가 됐어요?"

그는 나를 기억하고 있었다.

"집에 못 갔어요?"

"네."

나는 반가워하며 지금 집에 아무도 없으니까 목욕을 하라고 했지만 그는 사양했다. 결국 이웃집 긴 호스로 물을 받아 그에게 그 자리에서 씻을 수 있는 데까지만 씻으라고 했다.

"노숙자 얼굴 처음 보았네."

그는 갸름하고 선해 보이며 숫기 없는 사람이었다. 나는 아들의 청바지와 티셔츠, 속옷까지 내주고 모자도 씌워 주었다. 머리도 짧게 자르자고 했다.

"괜찮습니다. 무료로 해 주는 데 가서 하겠습니다."

"집에 들어가서 가족과 해결해요. 이렇게 살면 더 힘들어지고 폐인이 돼요."

나는 남편으로서, 아이들 아빠로서 살도록 마음을 굳건히 하고, 영월 갈 결심이 서면 차비를 줄 테니 그리 알고 요긴히 쓰라며 그에게 3만 원을 주었다.

"고맙습니다. 안녕히 계세요."

그 남자는 허리를 깊숙이 숙이며 인사하고 굴다리 시

장 쪽으로 갔다. 그렇게 또 나는 그를 잊었다.

그즈음, 몇 번이나 전화벨이 울려 받으면 끊어지곤 해서 이상하다고 생각하며 불쾌해하는 일이 있었다. 그런데 며칠 만에 그 의문이 풀렸다. 바로 그 영월 아저씨였다. 아저씨는 몇 년 만에 우연히 다시 만난 내가 '남편으로서, 아이들 아빠로서, 더 힘든 길을 가지 말라'고 하며 진심으로 걱정해 준 말에 깊이 감동받았다고 했다. 그리고 그 길로 영월 가는 버스를 탔다고 했다. 그러면서 처음으로 간 주택가 길 의자에서 나를 다시 만난 것은 우연이 아니라는 생각이 들었으며, 사실 하느님은 잘 모르지만, 그래도 하느님이 나를 다시 만나게 하시려고 한 것이 아닌가 싶었다고 했다.

나는 가슴이 뭉클해지며 뜨거운 전율을 온몸으로 느꼈다.

"고맙습니다. 잘하셨어요. 그런데 제 전화번호는 어떻게 알았어요?"

"그때 영월 갈 결심이 서면 차비를 준다면서 적어 주셨어요."

그러고는 나를 부인과 통화하게 해 주었다.

"사모님, 고맙습니다. 사모님은 우리 가족에게 큰 은혜를 베푸신 분입니다. 열심히 살겠습니다."

"앞으로 그 어떤 어려움도 극복하실 큰 경험을 하셨습니다. 가족과 함께 좋은 일만 있으시길 기도합니다."

이름도 모르고, 성도 모르는 영월 아저씨, 기억하겠습니다.

● 이름처럼 반짝이는 별, 한별이

  판잣집 지붕 위에는 기름종이가 덮혀 있었고, 굵은 끈으로 이리저리 둘러져 있었다. 넓적한 돌멩이가 여러 개 묶여 지붕을 누르고 있었다. 비바람에 약한 지붕을 지키기 위한 방편으로 보였다. 머리를 숙이고 들어가면 흙바닥에 부엌 하나, 방 한 칸이 전부인 집.

  이 집에 사는 신 씨는 결핵으로 고생하며 엎드려 지내고 있었다. 고집은 세지만, 경우가 밝은 분이었다. 부인은 자그마한 키에 류머티스 관절염으로 손가락 마디가 툭툭 불거져 많이 고통스러워했다. 그러나 선한 사람이라고 얼굴에 쓰여 있음을 느낄 수 있었다. 그들의 외동딸 한별이는 어려운 환경 속에서도 밝고 명랑하며 학업에 열중하는, 자신의 뜻을 이루기 위해 노력하는 중학생이었다.

좁은 공간에서 신 씨가 온몸을 흔들며 심한 기침을 하고 나면, 숨이 넘어갈 듯 구역질을 하면서 얼굴도 빨개지고 땀을 많이 흘렸다. 그러면서 공연히 부인한테 신경질도 부렸다. 그럴 때 착한 부인은 고개만 숙이고 있었다.

나는 그곳에 갈 때면 먹을 것을 사 갔는데, 어느 날은 순대 볶음을 조금 사 가지고 갔더니 맛있다며 나에게 말했다.

"데레사 님, 한 번만 더 사 와 주세요."

어느새 여러 해가 지나 딸 한별이가 고등학교를 졸업하게 되었다. 상고생이라 졸업 전에 이미 취직이 되었다. 첫 출근하는 날, 교복 외에 옷이 없었던 한별이에게 옷 한 벌 사 입으라고 봉투를 주었다. 한별이의 졸업식 날 꼭 참석하려고 했는데 연도를 하러 가야 해서 졸업식에 가지 못했다. 장지에서 돌아오는 길에 성당에서 기다리고 있다는 한별이의 전화를 받았다.

"한별아, 졸업 축하해."

나는 꽃다발을 안겨 주었다.

"고맙습니다."

"그래. 빨리 집에 가서 아버지, 어머니 기쁘게 해 드려. 그동안 수고 많았어."

그 후 한별이는 막상 사회에 나와 보니 왜 대학을 가려고 다들 기를 쓰는지 실감했다며, 퇴근 후 독서실에서 밤늦게 공부하고 온다고 했다. 어느 주일날, 성당에서 한별이를 만났는데, 한별이가 나에게 남자 친구를 인사시켰다. 그리고 야간 대학을 졸업하고 외국계 회사로 이직했다고 했다.

그사이 한별이네 집안 형편도 많이 나아졌다. 한별이의 결혼식에 갔을 때, 오랜만에 한별이의 어머니와 친할머니를 만났다. 성실하고 정직하고 꾸밈없는 한별이, 행복하게 잘 살기를 기원한다. 어느 해인가 한별이가 취직이 되었을 때 한별이 아버지가 한 말이 생각난다.

"우리보다 더 어려운 집 도와주시고, 한별이 쉬는 날 놀러오세요. 그동안 고마웠습니다."

● 평생 나눔의 삶을 사신 어머니

강원도 원주 시내에서 봉산동 방향으로 가는 길에 강이 있는데 예전에는 물이 많이 흐르는 강이었다. 그곳에는 똑같은 다리가 두 개 놓여 있는데 사람들은 그것을 '쌍다리'라고 불렀다. 한국 전쟁으로 인해 그 쌍다리 아래에는 삼면을 거적때기로 가리고 움막 속에 사는 거지들이 많았다. 그 거지 소굴에는 군대에서 헌병으로 있다가 몸에 병을 얻어 제대한, 체격이 크고 거지들의 왕초 노릇을 하는 '뚱뚱 거지'가 있었다.

'뚱뚱 거지' 하면 아이들도 무서워서 도망가곤 했다. 뚱뚱 거지는 일주일에 한두 번 우리 집에 밥을 얻으러 왔다. 그들 사회에서도 규칙이 있어 다른 구역을 침범할 수 없다고 했다. 뚱뚱 거지가 오면 어머니는 아침에 우리 식구가 먹은 반찬을 둥그런 양은 밥상에 차려 놓았다. 그러고는 그에게 마루 위에 올라와 편히 앉아 먹으라고 했다.

뚱뚱 거지는 검불 더미를 얹어 놓은 것 같은 머리를 긁적이며 신발을 벗고 마루 끝에 걸쳐 앉았다. 겹쳐 신은 찢어진 양말 구멍으로 시커먼 발가락이 몇 개 삐져나오고 발뒤꿈치도 뭉텅 빠져나왔다. 손도 더럽고, 손톱 밑도 까맸다. 그래도 뚱뚱 거지는 내가 학교 갈 준비하느라 왔다 갔다 하면 씩 웃어 주곤 했다.

그때 아버지는 미군 부대에 다녔기 때문에 나는 배고픔을 몰랐다. 생전 처음 보는 콜라, 초콜릿, 젤리 등을 맛있게 먹었다. 아버지는 내가 여학교에 다닐 때 운수업을 했는데 명절 때도 음식을 넉넉히 해서 어려운 집에 나누어 주곤 했다.

어머니는 쌍다리 밑 식구들과 영수네 아주머니를 꼭 챙겼다. 김장 때는 깍두기, 막김치를 큰 통 두 개에 담아 두었다. 해가 지면 영수가 리어카에 그것을 실었다. 어머니는 나를 데리고 영수를 따라 쌍다리 식구들을 찾아갔다. 그리고 움막 안으로 들어가서 몇 사람을 데리고 나와

김치통을 옮기게 했다. 나는 그 움막 안이 참 싫었다.

어느 날은 어머니가 양키 시장(미제 물건 파는 곳)에서 미군이 신는 두꺼운 카키색 양말을 많이 사서 아버지 몰래 다락에 두었다가, 뚱뚱 거지가 오는 날 보자기에 싸서 주었다. 나는 그것도 싫었다. 어머니가 아까운 줄 모르고 그런 사람들에게 나눠 주는 게 싫었다. 그 밖에도 어머니는 봉사 단체에도 물질적으로 도움을 주곤 했다.

그러던 어느 날, 어머니는 특별한 병명도 없이, 기운이 없고 입맛이 없다며 식사를 별로 하지 못했다. 그러다가 아침에 입원해서 영양제 주사를 맞았는데, 저녁에 사위 품에서 갑자기 운명했다. 나는 내 몸 안에 피가 멈추고 천 길 낭떠러지로 떨어지는 느낌을 받았다. 그러다가 눈을 떠 보니 내 팔에 링거 바늘이 꽂혀 있었다. 어머니는 그렇게 세상을 떠났다. 나이는 아직 젊은 46세였다. 평소 전생에 새였을 것 같다고 했던 어머니는 새처럼 고운 날갯짓으로 하늘로 올라갔다.

갑자기 닥친 슬픔에 눈물도 안 나오고 헛울음만 나왔

다. 동네 아저씨가 염습을 하는데 처음 겪는 일이라, 두려움과 놀라움으로 몸에 경련이 일어났지만, 약을 먹고 그 자리를 지켰다. 염습할 때 울면 돌아가신 분이 나쁜 곳으로 간다고 해서 울음을 삼켰다. 그 후로 호흡 곤란이 와서 한약을 오래 복용해야 했다.

전화가 없던 시절인데도, 쌍다리 식구들이 용케 알고 궂은일을 도왔다. 발인 때는 쌍다리 식구들이 준비해 온 만장기가 꽃상여를 따라갔다. 남편은 장모님 마지막 가는 길을 살뜰히 챙겼다. 그때서야 나는 어머니가 평생 동안 나눔의 삶을 살았음을 깨달았다. 나눔에 인색하지 않아 자신의 형편은 늘 부족해 보였던 어머니, 그러면서 세상 살아가는 데 지는 법을 먼저 가르쳐 준 어머니, 죽음으로서 산다는 진리를 일찍이 깨우쳐 준 어머니였다.

하늘 가는 길목은
어떤 풍경일까요?

● 남편에게 여자가 있어요!

 포도 농사를 짓는 집의 외동딸인 조은정 씨는 32세로, 유방암 환자였다. 미술을 전공한 그녀는 성격이 차분하고 꼼꼼했다. 그녀는 일산에 아파트를 분양받아, 내년 가을에 입주할 수 있다며 좋아했다. 그리고 퇴원하면 시골집 포도밭 풍경을 그려서 그 그림을 새 아파트 거실에 걸 거라고 했다. 은정 씨는 병원에서 '아녜스'라는 세례명으로 세례를 받았고 내가 대모를 섰다.

 입원과 퇴원을 거듭하며 치료를 받던 어느 날, 은정 씨가 갑자기 황당한 말을 했다. 노래방을 가고 싶다는 것이다! 나는 나중에 가자고 하며 은정 씨를 달랬지만, 은정 씨는 담당 간호사에게 내일이 남편 생일이라 잠깐 나갔다 오겠다고 이미 말했다고 했다. 결국 나는 그녀와 함께 노래방에 갔다. 그런데 노래를 부르던 은정 씨가 갑자기 흐느껴 울며 힘들어했다.

"그래, 이렇게 힘든데 생뚱맞게 무슨 노래방이니?"

나는 은정 씨를 나무라며 택시를 타고 곧바로 병실로 왔다. 그런데 그녀는 병실에 와서도 계속 서럽게 울었다.

"아녜스, 왜 그래, 응? 무슨 일이야?"

은정 씨는 말없이 머리를 베개 깊숙이 묻고 흐느껴 울었다. 그 뒤 일주일이 지나서야 나는 노래방 사건의 전말을 알 수 있었다. 그녀의 남편에게 여자가 생겼다는 것이다. 그래서 남편과 눈을 마주하기도 싫고, 퇴근해서 병실에 웃으며 들어오는 모습도 모두 위선으로 보인다고 했다. 그러고 보니 침대 머리맡에 남편이 붙여 놓은 가족사진이 보이지 않았다.

아주 무더운 여름날, 은정 씨를 방문했을 때, 그녀는 수술 날짜가 잡혔다며 나에게 담담하게 알려 주었다. 완쾌의 희망과 분양받은 아파트에 입주하는 꿈을 갖고 말이다. 그런데 재검 결과, 뜻밖에도 오른쪽 유방으로 암이 전이된 상태였다. 나는 마음속으로 큰 걱정이 되었다. 게

다가 내가 가기로 한 강원도 삼척에서의 피정 날짜와 은정 씨의 수술 날짜가 겹쳤다.

결국 나는 피정을 떠났지만 마음이 편치 않았다. 피정이 끝나고도 미안한 마음에, 궁금하면서도 바로 병원을 가지 못했다. 그리고 며칠 후, 은정 씨에게 힘들 때 옆에 있어 주지 못한 미안한 마음을 어설프게 해명했다.

"수술이 잘되었다는데요."

은정 씨는 여유로워 보이려고 웃음을 지어 보였다. 하지만 그 웃음은 솔직한 감정을 숨기려 애서 보인 헛웃음이었다. 그녀의 병색이 짙어졌고, 조만간 최악의 상황이 벌어질 수도 있겠다는 느낌을 머릿속에서 지울 수가 없었다.

그러던 어느 주일날, 은정 씨의 전화를 받았다.

"대모님! 오늘 저랑 같이 자면 안 되나요?"

"왜? 신랑은……."

"그냥 대모님하고 자고 싶어요."

내 느낌에 은정 씨의 길이 멀지 않아 보였다. 무언가

허물없이 이야기하고 싶은 상대로 남편이 아닌 나를 택한 것 같았다.

"그래, 알았어."

나는 병원으로 가서 침대 위에 은정 씨와 마주 보며 누웠다. 그녀는 자신이 살 수 없다는 것을 알고, 왠지 옆 사람들에게 미안한 마음이 들어 미소를 짓고 있었다고 했다. 그리고 이미 오래전에 어려운 길로 가고 있다는 것도 알았다고 했다.

"알면서도 사랑하는 남편 옆에 나 아닌 다른 여자가 사랑받고 있다는 생각을 하면 너무 가슴이 아팠어요. 얼마나 나 자신이 초라하고 비참한지, 그래서 질투심에 '내가 살기만 해 봐라!' 하고 독한 마음도 먹었지만 별수 없네요. 빨리 죽고 싶은 마음이 들고, 내 빈자리를 지켜 줄 그 여자에게 고마운 마음도 들어요. 그리고 남편에게도 서운한 마음보다 미안한 마음이 들어요."

나는 말없이 그녀를 안아 주었다.

그런데 그날 밤, 위급한 상황이 벌어졌다. 은정 씨가

갑자기 호흡 곤란을 일으켜 중환자실로 옮겨지고 이튿날 저녁 무렵에는 1인실로 옮겨졌다. 마치 마네킹이 누워 있는 것 같았다. 그녀의 신체 기능이 서서히 멈추었고, 심전도 그래프가 점점 사그라졌다.

'아녜스, 내가 그렇게 좋았니? 그래서 나를 놀라게 했니? 미안하다. 그리고 마지막 가는 길에 나를 초대해 주어서 고맙구나.'

시앗을 보면 길가의 돌부처도 돌아앉는다고 했건만, "대모님, 남편한테 여자가 있는 것, 내가 모르는 것으로 해 주세요."라고 부탁하던, 착하고 사랑스러운 나의 대녀 아녜스.

🟠 하늘 가는 길목은 어떤 풍경일까요?

정원수로 잘 가꾸어진 집. 잔디가 융단처럼 깔려 있었고, 둥글고 네모난 돌들이 간격을 두고 땅에 박혀 있었다. 장미 넝쿨은 담장을 휘감고 있었고, 제법 키가 큰 오동나무 위에 새 둥지가 몇 개 있었다. 석등도 운치 있었고 소나무는 뭉게구름 모양으로 예쁘게 다듬어져 있었으며, 제비꽃, 민들레가 무리지어 피어 있었다. 아름다운 집을 소개하는 월간지에도 소개된 적이 있었다는 집, 그림처럼 예쁜 이 집의 안주인 김효정 씨가 병자성사를 받았다.

효정 씨는 K대 영문과를 나왔으며, 외모도 아름답고 재능도 뛰어났다. 외국계 회사에 다니는 동갑내기와 3년 연애 후에 외국에서 결혼식을 올리고, 스위스에서 3년을 살았다.

그런데 언젠가부터 어지러움을 동반한 무력증, 통증이 와서 이상하다고 생각했다. 처음에는 임신 중이라 그런가 했지만 점점 힘이 들어 종합 병원에서 검진을 받았다. 심상치 않은 여러 가지 검사를 하게 되면서 점점 불안하고 초조했다. 그러던 어느 날, 남편은 결혼하고 나서 한 번도 보인 적이 없는 취기를 보였다. 그리고 다음 날, 남편은 핑계를 대고 출근하지 않았고 넋 나간 모습으로 담배만 연신 물었다. 얼마의 시간이 지났을까, 남편이 조심스럽게 말을 꺼냈다.

"병원 검사 결과가 나왔는데……."

"여보, 무슨 일이야? 왜 그래?"

남편은 효정 씨를 확 끌어안으며 말했다.

"효정아, 걱정하지 마! 내가 꼭 살려 낼게. 무슨 짓을 해서라도 살려 낼게."

그때 효정 씨는 남편의 육중한 몸이 마구 떨리는 느낌을 받았다고 했다.

"여보, 무슨 일이야? 말을 해 봐."

"골수암이래."

효정 씨는 현기증이 나며 도리질을 수십 번을 했다고 했다. 그 후 효정 씨는 예정일이 43일 남은 아기를 제왕절개로 태어나게 했다. 그리고 산후조리를 할 여유도 없이 검사와 항암 치료를 받아야만 했다. 남편은 휴직을 하고 부인을 지극정성으로 돌보았다. 그 와중에 아기 이름도 짓고 출생 신고도 했다.

나는 효정 씨가 퇴원했다는 소식을 듣고, 음식을 들고 종종 집을 방문했다. 하지만 효정 씨의 병세는 호전되지 않았고, 감정의 기복이 점점 심해졌다. 너무 힘든 날은 나에게 이렇게 애원하곤 했다.

"난 정말 빨리 죽고 싶어요. 대모님, 나 좀 도와줘요."

그리고 남편에게도 죽는 약 좀 구해 달라며 말했다.

"당신이 나를 사랑한다면 나를 힘들게 하지 말고 제발 나를 어떻게 해 줘요. 아파 죽겠는데 왜 지켜보고만 있는 거예요."

발병 13개월 후 재검을 했는데, 최악의 결과가 나왔

다. 한쪽 다리를 잃을지도 모른다는 것이다. 효정 씨는 그냥 죽겠다며 다리 절단은 절대로 하지 않겠다고 울부짖었다. 그러나 결국은 의사가 권하는 대로 따를 수밖에 없었다.

효정 씨는 한쪽 다리를 잃은 뒤, 심리적으로 극심한 충격에 빠졌다. 두 번의 자살을 시도했다가 미수에 그친 일도 있었다. 수시로 변하는 효정 씨의 불안감, 우울 증세가 점점 심해지며 육체의 병을 악화시켰다.

어느 날은 갑자기 눈을 번쩍 뜨며 "하늘 가는 길목은 어떤 풍경일까요? 스위스의 설경일 것 같아요."라고 했다. 그러다가 또 어느 날은 한밤중에 아기가 보고 싶다고 큰 소리로 울고 해서 친정어머니가 아기를 데리고 오면, 안아 보지도 않고 빤히 쳐다보고는 데려가라고 했다.

어느 날, 효정 씨가 나에게 이렇게 말했다.

"대모님, 며칠 전에 남편에게 나름대로 마음에 둔 이야기를 했는데, 남편이 화를 내며 쓸데없는 소리 하지 말라면서 밖으로 나갔어요."

"무슨 이야기였는데?"

"번역 일을 하는 후배가 있어요. 고향은 충청도 홍성이고, 착실한 가톨릭 집안이고, 우리 집에도 여러 번 놀러왔어요. 남편도 좋은 후배라고 생각해요."

"그래서?"

"내가 떠나고 나면, 두 사람이 부부 인연을 맺었으면 좋겠다는 생각이 들었어요."

그리고 흐느끼면서 말했다.

"지금에 와서 생각하니 어차피 치료도 안 되는 걸 다리 절단한 것을 후회해요. 다리가 없는데 어떻게 하늘나라에 갈 수 있어요?"

그녀의 작은 몸이 마구 떨렸다.

"수산나, 성모님이 꼭 안아 주실 거야."

그날따라 피아노 위의 사진이 내 마음을 아프게 했다. 부부가 외국 생활할 때 찍은 사진인 것 같았는데, 효정 씨의 예쁜 미소와 멋진 포즈가 돋보였고, 특히 두 다리가 정말 예뻐 보였다.

이듬해, 개나리와 진달래의 꽃눈이 트이기 시작하는 화창한 봄날, 효정 씨는 남편의 손을 꼭 잡고 잠자는 듯이 눈을 감았다.

나는 효정 씨가 떠난 후 한동안 넋 나간 사람처럼 아무 일도 손에 잡히지 않고 마음이 허전했다. 내가 끓인 된장 아욱죽을 참 좋아했던 나의 대녀 수산나! 할 수만 있다면 된장 아욱죽을 끓여서 하늘나라로 보내고 싶다.

● 아들 위해 택한 길

 암 병동에서 만난 김상윤 씨는 67세로, 항상 창밖에 시선을 고정시키거나 눈을 감고 있었다. 그는 세상과 자신을 단절시켰다. 마치 '나는 이제 곧 죽을 사람이니 말하기도 싫고 말할 필요도 없다.' 하며 스스로를 정리한 사람처럼 보였다.

"평화를 빕니다. 오늘 기분은 어떠세요?"

 상윤 씨는 미소를 지으며 다가가는 나에게 눈길 한 번 주지 않았다. 그렇게 무표정으로 입원과 퇴원을 반복하던 환자였다. 그러던 어느 날, 그가 말문을 열었다.

"저, 봉사자님."

 누군가가 나를 부르는 소리에 돌아보니 상윤 씨였다. 내가 의아한 표정으로 있는데, 그의 시선이 분명 나에게 멈추어 있었다. 나는 오른손을 가슴에 대며 말했다.

"저요?"

"네."

나는 조심스럽게 다가갔다.

"무엇을 도와 드릴까요?"

그는 한참 망설이다가 대뜸 나에게 물었다.

"어디에 사세요?"

"네?"

"사실은 며칠 후에 퇴원을 하는데 전화 한번 주십시오."

그러면서 적어 놓은 쪽지를 건네주었다. 상윤 씨가 퇴원한 지 20여 일이 지난 후, 나는 건네받은 쪽지를 들고 그가 사는 곳을 찾아 나섰다. 가 보니, 집 안이 깔끔하게 정리되어 있었다.

"안녕하세요."

"바쁘신 분을 이렇게 오게 해서 미안합니다. 그래도 기쁜 마음으로 매일매일 기다렸습니다."

잠시 어색한 침묵의 시간이 흘렀다. 그러다가 작심이

라도 한 듯 상윤 씨가 긴 한숨을 내쉬며 말을 꺼냈다.

상윤 씨는 회사에 다니는 아들과 단둘이 살고 있었는데, 암이 많이 진행된 상태에서 병원을 찾게 되었다. 상윤 씨의 부인은 췌장암으로 몇 년 전에 이미 세상을 떠났다. 부인 병원비와 본인 병원비 대느라 있는 돈 다 쓰고, 집도 팔고 퇴직금까지 쓰고 나니 지하 방 신세가 되었다.

"지금 와서 생각하니 보험 하나 안 들어 놓은 것이 후회스럽네요. 살아온 날들이 허망합니다. 왜 그렇게 앞만 보고 살았나 후회스럽습니다. 몸이 병들고 보니 모든 게 바로 보이네요. 어떤 때는 파도에 쓸려 와 무인도에 머무는 쓸모없는 목숨 같은 비참함을 느낍니다. 하루 종일 말 한마디 할 상대가 없는 것이 바로 산송장이나 다름없지요. 저는 벽을 향해 '그렇게 잘난 척하던 김상윤, 너 왜 이러고 있니? 차라리 죽어라!'라고 합니다. 모든 것이 완벽해야 했고, 부족해 보이던 부하 직원에게 가차 없이 상처를 주곤 했지요. 저는 정말 못난 놈, 교만했던 놈입니다. 자식에게 부담 주지 않으려고 모진 마음도 여러 번 먹었지만, 죽음이라는 고통스러운 현실 앞에서 용기가 없었습니다. 사실은 죽음이 두렵습니다."

그는 퇴근해서 방문을 열고 "다녀왔습니다." 하고 미소 짓는 아들, 그 아들이 "아버지, 안 돼요, 아버지, 안 됩니다!" 하는 소리가 귓전에 들리는 듯하여, 모진 마음이 허물어진다고 말했다.

"정신은 멀쩡한데 이 생각 저 생각에 잠을 못 자고 오늘일까 내일일까 하면서도, 오늘 살아 있다는 것에 감사하는 마음으로 '내일도 아들 얼굴을 또 보게 해 주십시오.' 합니다. 죽음을 미리 생각할 필요가 없지요. 물론 예외 없이 어느 순간 죽음이 찾아오겠지만, 저는 살고 싶어요. 정말 억울해요. 아내도 데려가고 나마저 데려가면 내 아들은 어찌합니까?"

상윤 씨가 회한의 아픔에 통곡했다. 나는 티슈 몇 장을 접어 그에게 내밀었다. 이런 환자에게는 이야기를 들어 줄 사람이 필요하다. 지루하고 답답해도 마음을 비우고 환자의 말에 공감을 해야 한다. 나는 그의 이야기를 들은 후, 손을 잡으며 말했다.

"형제님, 제가 많이 부족하지만 좋은 친구가 되어 도와 드리겠습니다."

그 후 상윤 씨는 항암 치료에 고통스러워하면서도, 밝은 모습으로 봉사자의 기도도 받고, 건강이 회복되면 성당에 꼭 다니겠다고 약속했다. 이렇게 상윤 씨와 함께한 지 1년 3개월쯤 되던 어느 날, 상윤 씨 아들에게서 다급한 전화가 걸려 왔다.

"저, 봉사자님, 오늘 저희 아버지와 통화하셨어요?"

"무슨 일이에요?"

"퇴근해 보니 주민등록증을 상 위에 놓고 새 운동복으로 갈아입고 나가셨어요."

나는 불길한 예감이 들었다. 3일 후 새벽, 한강 하류에서 낚시꾼의 신고가 들어왔다. 상윤 씨의 시신을 발견한 것이다.

나는 내가 전화를 자주 못해서 이런 일이 생겼나 싶어 마음 추스르기가 힘들었다. 내 탓인 것만 같았다. 상윤 씨의 장례를 치른 후, 상윤 씨의 아들은 다른 곳으로 발령이 나서 살던 곳을 떠났다. 그곳에서 결혼을 한 후, 부인과 함께 세례를 받음으로써 성당에 다니겠다고 한 아버지의 약속을 대신 지켰다.

상윤 씨의 아들은 아버지가 세상을 떠나기 며칠 전, 유언이라도 하듯 이런저런 말을 했다고 나에게 전했다. 정기적으로 건강 검진을 잊지 말고 받고, 부모가 다 암으로 세상을 떠나니 건강에 각별히 신경을 쓰라고 당부했다고 했다. 그리고 봉사자 아주머니에게 받은 은혜 잊지 말고 소식 전하며 살라고도 했다고 전했다.

자식한테 부담 안 주려고 택한 길이니 이해할 수도 있지만, 그래도 이건 아닌 것 같다. 나를 불러 당신 가슴에 맺힌 한을 풀어 놓은 김상윤 씨를 위해, 나는 뜨거운 눈물로 기도한다.

🟠 할머니와 네 자녀

신 할머니와는 통화하기가 어려웠다. 할머니는 무슨 일로 우리 집에 오려고 하느냐며 나에게 꼬치꼬치 캐물었다.

"어르신, 꼭 한번 뵙고 싶습니다."

나는 할머니에게 아주 어렵게 허락을 받아 냈다. 할머니는 꼭 혼자 와야 한다고 신신당부를 하고 오후 2시에 오라며 시간도 정해 주었다.

다음 날, 나는 과일을 사 들고 아파트 벨을 누르며 "어제 전화드린 사람입니다." 하고 말했다. 안에서 문고리 여는 소리가 나더니 내가 혼자임을 확인하고 이중 고리를 풀었다. 집 안에는 아무도 없었고 할머니는 멀찌감치 앉아 왜 왔냐는 듯 나를 경계했다. 그리고 어떻게 알았느냐고, 병원에서 왔느냐고 물었고 나는 대답했다.

"우연히 알게 되었습니다. 저도 과천에 살아요. 할머니와 가까운 데 살아서 할머니의 힘드신 일을 조금이나마 도와 드리고 싶었어요."

그제야 할머니는 자세를 고쳐 앉으며 병원에서 오는 사람인가 싶어 밤새 잠을 못 잤다고 했다. 어떤 병원이 희귀병 연구 대상으로 선정해 환자를 무료로 치료해 준다는 것을 계속 거절하고 있었다고 하면서 말이다. 이런저런 이야기를 나누며 30분 정도 머물다가 할머니를 '어머니'라고 부르며 물었다.

"모레 와도 문 열어 주시겠어요?"

할머니는 꼭 혼자 와야 된다며 오후 2시로 또 시간을 정해 주었다.

할머니에 대해서는 성당 회장님에게 들어 알게 되었다. 할머니의 딸과 아들 셋 모두가 근육병 환자였다. 어느 날 갑자기 닥친 불행이었다. 조상 중에도 이런 병을 앓은 사람이 없는데, 내가 전생에 죄를 많이 지었나 보다 하며 할머니는 탄식했다.

어느 날 청소를 하며 할머니와 대화하는데, 방문을 발가락으로 미는 모습이 눈에 띄었다. 얼른 방문을 열고 들어가 보니 할머니의 딸이었다.

딸은 갑상선으로 목에 혹이 튀어나와 있었고 작은 물집이 온 얼굴에 덮여 있었다. 그리고 목을 제대로 가누지 못하고 눈도 제대로 뜨지 못하며 말도 아주 어눌했다. 나는 딸과 마주 앉아 두 손을 잡고 만나 줘서 고맙다며 인사를 했다. 그리고 좋은 친구가 되겠다고 했다. 그 후에는 가족들 모두 벽에 기대어 앉아 내가 방문하는 시간에 나를 맞이해 주었다. 그들을 처음으로 모두 만났을 때는 '오! 하느님, 어떻게 이런 일이 있을 수 있습니까?' 하며 탄식했다.

'세상에 이런 일이……'

모두 다 같은 모습의 근육병 환자였다. 나는 한 사람, 한 사람을 진심을 담아 꼭 품어 안았다. 그들은 아무 표정도 없이 나에게 자신들의 모습을 선보이듯 보이고는 벽에 기대어 온몸을 쓸어 가며 힘들게 방으로 들어갔다.

그 이후 아무도 출입을 허락하지 않았던 이 가정을 여러 주변분들의 도움으로 보살펴 줄 수 있었고, 그렇게 7년이라는 시간이 흘렀다.

솔직히 어떨 때는 할머니가 얄미웠다. 할머니는 욕심도 많고, 의심도 많고, 요구도 많고, 감사할 줄은 더욱 모르는 분이었다. 게다가 할머니는 내가 성당에서 돈을 받는 줄 알고 있었다. 내가 봉사자라고 해도 믿지 않았다. 부모 형제도 하기 어려운 일을, 생판 모르는 남이 하루이틀도 아니고 몇 년을 돈 한 푼 안 받고 어떻게 도와주느냐고 했다. 물론 맞는 말이긴 했지만, 나에게는 그것이 그렇게 중요하지 않았다. 순수한 마음이 제일 중요한 것이 아니겠는가.

그러던 중 할머니의 큰아들이 몸 상태가 나빠져 중환자실에 입원했고 딸도 중환자실에 입원했다. 그리고 입원한 지 2년쯤 되었을 때, 할머니의 아들과 딸이 세상을 떠났다.

어느 날, 명동 성당에서 봉사자 교육이 있어 아침 일

찍 서둘러 가는데, 할머니가 병원 응급실로 갔으니 빨리 가 보라는 연락을 받았다. 병원 응급실에 도착했지만, 할머니는 의식이 없었다. 심근 경색이었다. 나는 당황스러웠다. 보호자가 있어야 입원을 할 수가 있었기에, 나는 일단 할머니 댁으로 전화를 했다.

막내아들이 더듬더듬 전화를 받았다. 내 이야기를 듣더니 형에게 전화를 하겠다고 했다.

'형? 사촌 형인가······.'

40분 정도 기다리자 50대 초반으로 보이는 남자가 와서 병원 입원 수속을 밟았다. 할머니의 친아들이었다. 게다가 또 다른 아들이 두 명이나 더 있었다. 뭔가 뒤통수를 한 대 얻어맞은 기분이었다. 다행히 할머니는 한 달 정도 병원에 있다가 퇴원했다.

그러던 어느 날, 막내아들이 저녁밥을 먹고 방에 들어가서는 그대로 숨졌다. 막내아들이 갑자기 떠나면서 할머니는 식사도 제대로 못하고 누워 있었다. 내가 정성껏 돌봐 주어 차츰 원기를 회복했다.

세 명의 아들딸이 떠난 뒤, 할머니는 남은 한 아들에게 강한 집념을 보였다. 하지만 나는 최악의 순간이 다가오고 있다는 느낌이 들었다. 할머니가 강력하게 원해서 아들이 검사를 받게 되었는데, 머리를 들지 못해 고개가 밑으로 푹 숙인 채 있었고, 발을 들 수조차 없는 상태였다. 아들을 내 어깨 위에 목마를 태워 엑스레이 촬영을 겨우 할 정도였다. 몸 상태가 점점 나빠져 병원 중환자실에 입원한 아들은 60여 일 만에 세상을 떠났다.

 이렇게 해서 네 명의 근육병 환자는 하늘나라로 떠났다. 그 뒤 다른 가족들이 할머니를 요양 병원으로 모셔 갔다. 13년 2개월. 참으로 길고 힘들었던 시간이었다.

쓴소리

대형 기저귀 한 통을 사들고 지하 방에 들어서는데, 고약한 악취가 풍겨 와 코를 막았다. 무슨 냄새인가 하며 집 안을 살펴보니 아이고 맙소사, 할머니가 소변본 기저귀를 할아버지가 재활용하려고 물수건으로 닦아 여기저기 걸쳐 놓은 것이었다. 나는 기저귀를 봉투에 담아 문밖에 내놓고 문을 열어 환기를 시켰다.

류 할머니는 3년째 중풍으로 누워 있었다. 아들은 중국에 돈 벌러 간다고 떠난 지 여러 해가 되었지만 생사를 알 수 없어 안타까워했다.

"나 죽기 전에 와야 되는데 무슨 일로 이렇게 소식이 없는지……."

할머니는 신부님이 방문하는 날이면 마음이 들떠 시간을 묻고 또 묻곤 했다. 그리고 어눌한 말투로 '주님의 기도'를 했다. 나는 물로 할머니 입안을 헹구고 머리도 쓸어내리며, 함께 신부님을 기다렸다.

"할머니, 편안하셨어요?"

"네."

"지난번에 뵐 때보다 좋아 보이세요."

"네."

"식사 잘하시고요?"

"네."

할머니는 성사를 주고 떠나는 신부님에게 "안녕히 가세요." 하고 인사했다.

어느 날, 몸이 피곤하고 어지럼증이 와서 병원에서 영양제 주사를 맞고 있었는데, 사무장님이 내가 돌보는 류 할머니가 갑자기 임종했다며 병원 영안실로 모셨다고 전해 주었다. 내가 주사를 맞느라 휴대폰을 확인하지 못한 사이에 할머니 며느리가 성당으로 연락을 한 모양이었다. 나는 연도하러 지금 가 봐야 한다고 했지만, 병원 원장님은 주사액이 반병도 안 들어갔다며 조금 더 있으라고 했다. 결국은 다 맞지 못했지만 막상 일어나려니 어지럼이 심했다. 나는 냉수 한 컵을 마시고 사무장님과 영안실에 도착했다. 그곳에는 할머니의 딸이 있었다.

"따님이세요?"

"네."

그러면서 대뜸 하는 말이, 엄마가 성당식으로 장례를 치러 달라고 유언을 하지 않았으니, 그냥 가족끼리 치르겠다고 했다. 성당 조기를 세우던 사무장님의 시선이 딸에게 멈췄다. 나는 딸에게 말했다.

"그렇게 하세요. 성당식으로 하시든 가족끼리 치르시든 편한 대로 하세요. 다만 내가 당신 엄마 2년 넘게 대소변 받아 냈고, 적은 돈이지만 생활비도 댔어요. 그리고 성당 빈첸시오회의 회장님이 자주 방문하시고 매달 얼마의 액수를 도와 드리고 있었어요. 할머니 말씀으로는 딸년이 공 치러는 다니면서도 안 온다고 하시던데 당신이 그 딸이에요? 내가 아침저녁으로 드나들었는데 당신 얼굴을 한 번도 본 적이 없는데, 할머니가 누구를 보고 유언을 해요? 그럼 장례 잘 치르세요."

사무장님은 조기를 접었고, 나는 연도책이 든 가방을 들고 나왔다. 사무장님이 말했다.

"회장님, 잘하셨어요."

"면목 없으면 가만히나 있지, 부끄러운 줄 모르고 무슨 유언 타령이야."

나는 미운 마음에 쓴소리를 했다.

그로부터 1년 후, 소식이 없던 할머니의 아들이 오고, 할아버지는 무료 양로원으로 가게 되었다. 그리고 아들은 가족들과 함께 다시 중국으로 갔다.

도둑 누명

 어느 날 아침, 전화벨이 울리시 받으니 영보 수녀원이냐고 묻는 할머니의 음성이 들렸다. 나는 "잘못 거셨습니다."라고 하면서, 마침 영보 수녀원 전화번호를 알고 있었기에 알려 주었다. 잠시 이런저런 대화가 오갔고 할머니는 "친절한 아주머니, 고맙습니다." 하며 전화를 끊었다. 그로부터 이틀 후, 할머니의 전화가 다시 왔다.
 "아주머니, 오늘 나하고 좀 만나요."
 "네? 무슨 일이세요?"
 "별일은 아니고 친절하게 전화를 받아서 고마워서요."
 그러면서 얼굴이나 보고 인사를 하고 싶다고 했다. 이렇게 해서 시장 근처 길 빨간 의자에서 할머니를 만나기로 약속했다. 약속 장소에 가니 할머니가 미색 가디건을 입고 의자에 앉아 있었다. 나는 다가가서 "안녕하세요?"

하고 인사를 했다. 할머니는 조그만 케이크 상자를 내놓으며 고맙다고 했다. 그러고는 자기소개를 했다.

강 할머니는 76세로, 할아버지는 6년 전에 세상을 떠났고, 아들은 서울에서 살며, 며느리는 손자 공부 때문에 미국에 가 있다고 했다. 며느리 친정아버지는 이름만 대면 다 아는 국회 의원인데, 그래서인지 며느리 콧대가 세고 잘난 척을 많이 해서 정이 안 간다고 했다. 아들이 자기와 함께 살고 싶어 해도 며느리가 싫어서 혼자 산다며, 첫 만남인데도 거리낌 없이 불만을 뱉어 냈다. 이야기를 듣다 보니, 사람의 정이 그리워 다가온 분임을 알 수 있었다. 집에 한번 놀러 오라는 초대를 받으며 할머니와 헤어졌다. 그 후 바쁜 일이 있어 가지 못하다가, 어느 날 시간을 내서 할머니 댁을 방문했고, 그 뒤로 할머니의 말벗이 되었다.

그러던 어느 날, 서울 사는 할머니의 아들이 잠깐 들렀다. 아들은 "어머니한테 말씀 많이 들었습니다. 어머니가 적적해하셨는데 고맙습니다." 하고는 언제 어머니

모시고 식사 자리를 마련하겠다고 했다. 나는 잠시 그곳에 머물다가 보리차를 한 주전자 끓여 놓고 나왔다. 그리고 오는 길에 시장에 들렀다가 집에 들어서는데, 전화벨이 요란하게 울렸다.

"여보세요."

강 할머니였다. 할머니는 다급하면서도 퉁명스러운 목소리로 말했다.

"아줌마가 문갑 위에 200만 원 가지고 갔어?"

나는 멍해졌다.

"할머니, 무슨 말씀이세요?"

할머니는 돈에 날개가 있어 날아가겠느냐 발이 있어 걸어가겠느냐, 그렇게 안 보았는데 나쁜 사람이라며 경찰에 신고하겠다고 했다. 어처구니가 없고 억울했지만 마음을 진정시키고 다시 이야기를 하려는데, 그대로 수화기를 둔탁하게 내려놓는 소리가 들리며 전화가 끊어졌다. 살다 살다 정말 별일이 다 있구나 하는 생각이 들었다.

다음 날, 할머니 댁을 갔지만 할머니는 문을 열지 않았다. 너무 억울해서 울컥 치미는 울음을 참을 수 없었다. 그러나 지금 상황에서는 아무것도 할 수 없었다. 나는 '그래, 하느님은 알고 계셔.' 하고 스스로를 위로했다. 그러고 나니 한결 마음이 편하고 흐트러진 마음을 제자리에 놓을 수 있었다.

도둑 누명을 쓴 지 13일째 되는 날, 할머니에게 전화가 왔다. 할머니가 평상시보다 더 부드러운 음성으로 "아주머니, 우리 집에 좀 와요. 미안해요." 했다. 나는 '속없이' 오란다고 헐레벌떡 뛰어갔다. 현관문을 열어 놓은 할머니는 나를 보자 "아주머니, 미안해요. 내가 잘못했어요." 했다. 나는 아무 말도 하지 않았다.

상황은 이랬다. 아들이 와서 생활비로 쓰라고 200만 원 수표를 문갑 위에 놓았기에, 할머니는 그것을 요 밑에 넣었다. 그런데 그 사실을 잊어버리고 문갑 위에 돈이 있던 생각만 한 것이다. 그러면서 할머니는 나에게 다시 사과했지만, 나는 돈 200만 원에 다른 사람으로 돌변해 버린 할머니의 모습이 참으로 쓸쓸했다. 사람의 정이 그리워 다가왔던 할머니를 순수한 마음으로 몇 년이나 도와줬는데, 마음에 큰 상처를 받고 나니 온몸에 기운이 다 빠지고 허탈감마저 들었다.

할머니는 점점 건강이 쇠약해져, 결국 아들이 할머니를 모셔 갔다. 그 후 여러 번 할머니에게 전화가 왔지만, 200만 원 사건도 있고, 가정부가 살림하는 그곳에 가고 싶지도 않았다. 그러나 할머니와 마지막이 될지도 모르겠다는 생각에 한 번 만났는데, 눈에 띄게 수척해진 할머니는 나를 보자 눈물을 흘렸다. 그런 할머니를 본 내 마음도 우울했다. 2년 후, 할머니가 요양원에서 임종했다는 소식을 들었다.

● 딸에게 버려진 할머니

병원 봉사자 교육을 마치고 전철을 탔는데, 옷차림이 남루한 할머니가 동냥을 했다. 천 원을 주니 허리를 굽히며 나에게 "고맙습니다." 했다. 역에서 내려 계단을 올라가는데 조금 전에 동냥한 할머니가 힘이 부치듯, 손잡이를 의지해서 뒤뚱거리며 올라오고 있었다. 그러고는 도서관을 지나 공원 의자에 몸을 내던지듯 앉았다.

나는 할머니 옆자리에 앉으며 말했다.

"힘드세요?"

할머니가 고개를 끄덕이며 "네." 했다.

"어디 다녀오세요?"

"딸네 집이요."

"딸이 어디 사는데요?"

"서울이요."

"그렇군요. 그럼 할머니, 쉬었다 가세요."

그 후 어느 주일날, 성당에서 그 할머니를 또 만났다. 할머니는 낡은 미사보를 쓰고 맨 뒷자리에 앉아 있었다. 그리고 미사가 끝나자 문 앞에서 동냥을 했다. 누군가가 할머니가 성당이나 교회를 옮겨 다니면서 신도 행세를 한다고 들려주었다. 어느 날, 나는 할머니를 집으로 데려와 점심을 함께 먹으며 할머니의 신상에 관해서 물었다.

할머니는 당신이 78세 아니면 80세라고 하며 자식이 없다고 했다. 눈치도 빠르고 염치도 없으며 거짓말을 잘 하는 분이라는 느낌을 받았다. 그래도 따뜻한 사람의 손 길이 필요한 할머니였다.

할머니는 도서관 앞 지하도 입구 아니면 버스 정류장에서 동냥을 했다. "할머니, 동냥해서 어디에 쓰세요?"라고 내가 물으면, "죽을 때 관 값 하려고!"라고 했다. 돈을 주면 낚아채듯 받아 가, 바지 주머니에 넣고 옷핀을 꽂았다. 이렇게 할머니를 만난 지 3년이란 세월이 지났다.

어느 날, 모 교회 목사님에게 전화를 받았다. 할머니

를 빨리 모셔 가라며 신자들이 불평을 한다고 했다. 할머니가 교회 구석진 곳에서 자고 주일이면 교회 문 앞에서 동냥을 하는 모양이었다. 목사님은 할머니가 많이 아픈 것 같다고 하면서, 어떻게 자식이 부모를 이렇게 방관할 수가 있느냐며 '하늘 무서운 줄 알라'고 훈계했다. 나는 "네, 알겠습니다." 하고 대답했다. 할머니와의 관계를 밝히는 것이 그리 중요하지는 않은 것 같았다.

목사님의 이야기를 듣고 생각하니, 언젠가 할머니에게 2만 원을 주면서, 내 휴대폰 번호를 적어 준 적이 있었다. 아마 연고를 알기 위해 할머니의 주머니를 뒤적이다가 번호가 적힌 쪽지를 보고 나에게 전화한 듯했다. 교회로 급히 가 보니, 할머니가 교회 문 앞 가로수에 쓰러질 듯 기대고 있었다. 할머니는 며칠 못 본 사이에 몰라보게 수척해지고 열도 높고 입김이 뜨거웠다. 신음 소리도 내었다.

할머니를 데리고 병원에 가려는데, 그날따라 택시가 한참을 기다려도 안 왔다. 할 수 없이 할머니를 업고 가는데, 내가 죽을 지경이었다. 그러다가 지나가는 청년에게 도움을 청하여 근처 내과까지 데리고 갔다. 폐렴 진단이 나왔지만 입원을 할 처지가 아니라서 처방전을 받아 약을 짓고 우물터까지 왔다. 나는 이 불쌍한 할머니를 어찌 해야 되나, 혹시 돌아가시면 행려자로 신고를 해야 되나 해서 할머니에게 물어보았다.

"할머니, 정말 자식이 하나도 없어요?"

"없어."

할머니는 고개를 절레절레 흔들었다. 그때 내가 자주 가는 양로원의 수녀님이 해 준 이야기가 생각났다. 어느 할머니가 딸이 '의사'인데도 자식이 없다고 딱 잡아뗐다고 했다. 나는 급한 마음에 동사무소에 가서 도움을 청했고, 어렵게 할머니의 신원을 알아냈다. 그런데 이럴 수가, 할머니 딸이 과천에 살고 있었던 것이다. 나는 희망을 가지고 딸에게 전화했다.

"○○○ 할머니 따님이신가요?"

전화하는 사람이 나에게 누구냐며 대뜸 몰아붙였다.

"할머니를 돌봐 드리는 봉사자입니다. 할머니께서 지금 병환이 위중하십니다."

내 말이 채 끝나기도 전에 딸은 '당신, 그렇게 할 일 없는 사람이냐'며 그 늙은이 길에서 죽든 말든 내버려 두라고 하고는 전화를 탁 끊어 버렸다. 뒤통수를 한 대 얻어맞은 기분이었다. 다시 전화를 했지만 받지 않았다. 설마 부모를 길에서 죽게 하겠나 싶어서 성당 휠체어를 빌려서 그 집 입구까지 할머니를 데리고 갔다. 할머니는 한참을 그대로 쓰러질 듯 앉아 있다가 엉금엉금 기어갔다.

무슨 사연인지는 모르지만 딸은 나와 같은 종교를 믿고 있었다. 그 일로 나는 많은 생각을 하게 되었다. 그 이후 할머니의 모습은 더 이상 볼 수 없었다. 3년 5개월의 시간, 지금도 불쌍한 그 할머니를 생각하면 씁쓸해진다.

🟠 개나리꽃 울타리 집에서

담장을 휘감으며 멋을 낸 노란 개나리꽃이 실바람에 남실남실 춤을 추며 피어 있던 우리 집. 친정아버지가 친한 친구에게 큰돈을 빌려 주었다가 사기를 당해 어려운 상황에 놓이면서 우리 집으로 오게 되었다. 이렇게 해서 우리 집에는 우리 네 식구뿐만 아니라 친정 다섯 식구, 남편과 함께 일하던 김 약사, 집안일을 하는 아가씨, 세입자 등 여러 사람이 함께 살았다.

그러던 어느 날, 문간방에 세 들어 살던 형석이 엄마가 갑자기 이상한 행동을 보였다. 형석이 엄마는 인절미가 가득 담긴 큰 그릇을 양다리 사이에 끼고 앉아 그것을 먹고 있었다.

"형석이 엄마, 웬 인절미를 이렇게 많이 샀어?"

내가 물을 주며 천천히 먹으라고 해도, 형석이 엄마는

내게 한번 먹어 보라는 말도 없이 입에 인절미를 꾸겨 넣었다. 나는 형석이 엄마의 몸을 흔들며 "형석이 엄마." 하고 불렀지만 형석이 엄마는 히죽거리며 웃기만 했다. 하룻밤 사이에 다른 사람이 되어 버린 것이다. 나중에 형석이 아빠에게 듣기로는, 형석이 엄마가 워낙 약한 체질인데 형석이를 낳고 몸조리도 제대로 못했다고 했다. 그런 몸으로 이것저것 힘든 일들을 하다 보니 몸이 쇠약해졌고 그 후로 이상한 행동을 보인다고 했다. 형석이 아빠가 말했다.

"한동안 아무 탈 없이 살았는데 갑자기 또 증세가 나타났네요. 나를 만나 너무 고생해서 생긴 병이에요."

그 후로 증세가 점점 심해졌다. 특히 형석이 엄마는 음식에 대한 집착이 심했는데, 혹시 잘 먹으면 좀 나아질까 싶어서 고기를 구워 주었더니 정신없이 먹어 치웠다.

"형석이 엄마, 정신 좀 차려 봐. 왜 그래, 응?"

이렇게 말해도 형석이 엄마는 빤히 나를 쳐다보며 웃었다. 영양제 주사도 놔 주고 영양제도 챙겨 먹였지만,

정신이 돌아오기는 힘들어 보였다. 3개월 후, 형석이 아빠가 처갓집 식구들과 의논해서 형석이 엄마를 기도원으로 보내기로 했다고 이야기해 주었다.

형석이 엄마가 기도원에 간 지 한 달쯤 되던 어느 날 새벽, 나는 잠결에 "형석아, 형석아." 하고 부르는 소리를 듣고 잠이 깼다. 창밖을 내다보니 보름달이 대낮처럼 비추는 가운데, 형석이 엄마가 앞집 노란 택시 위에 올라앉아 있는 것이 아닌가! 형석이 엄마는 머리에 풀을 꽂고 기다란 풀 가지로 차를 탁탁 치며 아들 이름을 부르고 있었다. 어른들 말씀에 아무리 정신 줄을 놓아도 제 새끼의 손은 안 놓는다고 하더니……. 그 섬뜩한 장면에 나는 온몸에 소름이 돋았다.

나와 한집에 살던 착한 형석이 엄마. 참으로 불쌍하고 마음이 아팠다.

예쁜 옷
입혀 드릴게요

● 엄마가 보고 싶을 때는 어떻게 해요

김영자 씨는 61세로, 자궁암 말기 환자였다. 늦둥이로 얻은 외동딸 이지희 씨는 스물여섯이었다. 영자 씨는 딸이 출근하고 난 혼자만의 시간이 너무 무섭고 죽음이 두렵다고 했다. 다른 지역에 남동생이 살긴 했지만 가끔 찾아올 뿐이었다.

처음 영자 씨 집을 방문했을 때, 그녀는 작은 몸집에 핏기 하나 없이 창백한 모습으로 누워 있었다. 집에서는 구역질이 날 정도로 지독한 악취가 풍겼다. 자궁암 말기라 몸에서 상한 피와 분비물이 나왔지만, 본인이 처리할 수 없는 처지라 집 안에 냄새가 밴 모양이었다.

나는 다소곳이 앉아 영자 씨의 손을 잡았다.

"지금 힘드세요?"

"네, 빨리 떠났으면 좋겠어요. 아침에 눈을 뜨지 않았으면 좋겠어요."

"이렇게 누워 계신 지 얼마나 되셨어요?"

"꼼짝 못하고 누운 지 1년쯤 된 것 같아요."

"네, 따님이 걱정이 많겠어요."

다음 날, 나는 방문을 열고 방을 구석구석 청소했다. 그리고 이불을 삶고 환자를 씻기고 냄새가 덜 나도록 조치했다. 그래도 영자 씨는 자기 옆에 사람이 있다는 것에 마음의 안정을 찾은 것 같았다.

"고맙습니다. 내가 복이 있나 봐요. 아주머니 같은 분을 만나다니요! 내가 죽는 것은 두렵지 않지만, 딸이 의지할 사람이 없어 불쌍해요."

"남편은 안 계세요?"

"딸이 어렸을 때 세상을 떠났어요."

그녀의 목소리가 떨리고 눈가에 물기가 어렸다.

"종교는 있으세요?"

"절에 다녔어요. 몸이 아프고 나서는 한 번도 절에 못 갔어요."

"그러면 부처님께 지금 걱정하는 문제를 기도하세요. 한결 마음이 편해지실 거예요."

한번은 '엄마가 설렁탕 국물을 먹고 싶어 한다'는 지희 씨의 부탁을 받고 설렁탕을 사 간 적이 있었다. 그 후로 지희 씨는 하루에 있었던 일을 하나하나 물었다. 그리고 내가 방문하는 날이면 냉장고 문짝에 다음과 같이 꼼꼼하게 메모해 놓았다.

오늘도 와 주셔서 감사합니다. 엄마가 제가 불쌍하다며 많이 우셨어요. 그래서 얼굴이 부으셨어요. 그리고 아주머니가 못 오시는 날은 불안하시다고 해요. 어제저녁에는 엄마 머리를 짧게 커트를 쳐 드렸어요. 그리고 시원한 오이 한 쪽을 잡수셨어요.

그 집을 방문할 때마다 이런 쪽지를 받으면서, 어느새 지희 씨가 어떤 글을 써 놓았을까 궁금해하게 되었다.

그 후로 영자 씨는 점점 병색이 짙어지고 어지럼으로

눈을 뜨지 못했다. 그리고 간간히 헛소리를 하며 딸 이름을 부르다가 "저리 가, 저리 가, 오지 마." 했다. 새로운 세상으로 가는 길목에서 누군가와 하는 대화인 것 같았다. 핏기 없는 환자의 얼굴이 싸늘하게 느껴졌다.

'아, 오늘 밤이 마지막 밤이 될 것 같다.'

나는 지희 씨에게 일찍 퇴근했으면 좋겠다고 전화했다. 고열로 인해 영자 씨의 온몸이 뜨거웠고 양말은 땀으로 축축했다. 손이 떨렸고 호흡은 불규칙했다. 결국 영자 씨는 늦둥이 외동딸의 지극정성을 뒤로하고 당신의 예약된 길로 떠났다.

"엄마, 그동안 아파서 고생 많으셨어요. 이제는 안 아프실 거예요. 그런데 엄마, 엄마가 보고 싶을 때는 어떻게 해요."

혼자 남은 딸은 흐느끼며 말했다.

나는 아로마 향을 물에 조금 타서 시신을 깨끗이 씻기고 수의를 입혀 주었다. 그리고 입관이 끝난 새벽 3시경에 장지로 떠났다. 장지에는 고인의 남동생 내외와 딸 지희 씨, 친척 몇 사람이 있었다.

그 후 지희 씨는 성당에서 세례받았고, 나는 1년 2개월간 지희 씨를 돌봐 주었다. 연민의 정을 남겨 준 인연이다.

🟠 새가 되어 훨훨 날고 싶어요

어둠침침한 지하 골목으로 들어섰다. 현관문을 열고 들어가는데 실내가 잘 보이지 않았다. 인기척을 내며 방문을 열어 보니 체구가 크고 부기가 심해 보이는 환자가 누워 있었다.

"안녕하세요?"

그는 인사하는 나를 멀뚱히 바라보며 물었다.

"누구세요?"

내가 방문하는 것을 부인에게 전달받지 못한 모양이었다.

"네, 저는 형제님의 친구가 되려고 온 봉사자입니다. 저도 많이 아파 본 경험이 있어 얼마나 힘드신지 조금은 알고 있습니다. 사실 오늘 부인되시는 분과 만나기로 했는데 제가 조금 늦었습니다."

그제서야 그는 긴장감을 풀고 나보고 앉으라고 했다.

"통증은 어떠세요?"

"가끔 심할 때는 진통제를 먹어요."

처음 만난 이명수 씨의 병명은 간암이었다. 명수 씨는 경제적인 어려움으로 병원을 늦게 찾았다고 했다.

"혹시 제가 부담스러우세요?"

"아니요. 하루 종일 혼자 누워 있다 보면 말할 상대가 없어서 내가 죽은 사람이 아닌가 하는 생각이 들 때가 있어요."

"그럼 제가 옆에 있으면 편하세요?"

그는 고개를 끄덕이며 "그런 것 같아요." 했다. 나는 환자와 공감하는 이야기를 나누며, 한 시간 정도 그곳에 머물렀다.

"내일 와도 만나 주실 건가요?"

명수 씨는 망설임 없이 "네." 했다. 다음 날 이른 아침에 부인의 전화를 받았다.

"어제 수고하셨습니다. 고맙습니다."

그리고 남편이 오늘 봉사자님이 온다며 머리를 감겨 달라고 해서 아침부터 부산스러웠고 새 잠옷으로 갈아입혀 주었다며 오랜만에 남편의 얼굴에서 웃음기를 보았다고 했다.

"고맙습니다. 한 시간 정도의 만남이었는데……."

나는 바쁜 걸음으로 그곳으로 가 능청스럽게 "여자 친구 왔습니다."라고 말했다. 방문을 열고 들어서니 명수 씨가 어제와는 완연히 다른 밝은 표정으로 앉아 있었다.

"저 기다렸어요?"

"네. 고맙습니다."

명수 씨는 운수 회사에 다니다가 작은 자본으로 가게를 운영했는데 적자로 문을 닫게 되었고, 빚만 남게 되었다. 그 후 온갖 힘든 일을 했다. 빨리 빚을 다 갚고, 치킨집이라도 할 생각으로 열심히 일했다. 그런데 언젠가부터 몸에 기운이 쭉 빠지는 느낌이 들었다. 조금만 힘들어도 피로하고, 소화도 안 되고, 무언가 표현할 수 없는 이상한 느낌이 들었다. 그는 모든 것을 과로 탓으로 돌리고 약을 먹고 며칠 쉬다가 부인과 함께 병원을 갔다. 검사를 마치고 일주일 후, 너무나 놀라운 결과가 나왔다. 간암이었다.

"머리가 정말 돌아 버릴 것 같았어요. 내 평생 병원 문턱도 안 가 본 사람인데 암이라니……."

다른 병원에서도 간암 진단이 나왔다. 그때 그는 '이제 나는 죽었구나.'라는 생각이 들면서 큰 군함이 물속으로 서서히 가라앉는 기분을 느꼈다고 했다.

어느 날 그 집을 방문했을 때, 명수 씨가 머리맡에 둔 두꺼운 앨범을 나에게 내밀었다. 앨범 속에는 부부의 결혼식 사진, 군대에서 전우들과 함께 찍은 사진, 베트남 전쟁에서 베트남 아가씨와 찍은 사진이 있었다. 앨범을 하나씩 넘겨 보고 있는데 그가 담담하게 이야기했다.

"집사람이 저를 만나서 고생만 했어요. 어떻게 하면 살 수 있나요? 하느님한테 살려 달라고 기도하면 살려 주시나요? 살고 싶어요. 우리 형님은 고향에서 농사를 지으세요. 저는 철없던 나이에 형님이 소 판 돈을 훔쳐

집을 나왔어요. 장사를 해서 두 배로 갚아 드리려고 했는데 세상일이 생각대로 되지 않았어요. 형님은 예전에 다 용서하셨어요. 지금 제가 그 벌을 받고 있나 봐요. 그런데 형님도 췌장암이라 얼마 못 사신답니다. 형님이 가시기 전에 꼭 한번 뵙고 싶습니다."

그러면서 눈물을 손등으로 쓱 닦았다.

"따뜻한 봄날, 형님을 만날 수 있도록 도와 드리지요."

그 후로 명수 씨의 상태가 점점 나빠졌다. 체력도 급격히 떨어지고 큰 체구였는데도 살이 많이 빠져 뼈에 살가죽만 붙어 있었다. 초점 잃은 눈은 휑했고 목소리도 겨우 나왔다. 그래서 이듬해 4월, 따뜻한 날씨는 아니었지만 나는 서둘러 여행을 준비했다. 그리고 명수 씨와 그의 부인과 함께 고향인 포천으로 떠났다. 어느 시골 마을 초입에 들어서자 그는 "저기 보이는 산소가 부모님이 계시는 곳입니다."라고 말한 뒤 잠시 눈을 감았다.

마중 나온 가족이 명수 씨를 부축해서 집 안으로 데리고 갔다. 거기서 그의 형을 만났다. 같은 처지에 있는 두 형제의 피맺힌 절규가 마당까지 흘렀다.

봄, 여름이 지나면서 명수 씨의 병색이 더 짙어졌다. 어느 날, 그가 공원에 바람을 쐬러 나가고 싶다고 해서 휠체어를 밀고 나갔다.

"날씨가 좋네요."

"하늘도 높고 푸르고, 지금 기분 같아서는 내가 살 수 있을지도 모르겠다는 생각이 들어요."

"그렇게 기분이 좋아요?"

"아녜요, 농담했어요."

그는 소리 내어 웃었다. 헛웃음이었다.

"나는 죽으면 '새'로 환생해서 세상을 막 날아다니고 싶어요."

그러면서 말을 이었다.

"봉사자님의 수고를 갚을 길이 없네요. 고맙습니다. 내가 떠나면 우리 집사람이 많이 힘들 거예요. 좋은 말씀으로 위로해 주세요."

며칠 후, 나는 부인의 전화를 받고 그 집으로 달려갔

다. 명수 씨의 신음 소리가 들렸다. 그가 "물, 물, 물." 하며 물을 찾기에, 물을 한 수저 떠 주었더니 힘겹게 넘겼다. 나는 인간의 무력함을 실감하면서 그의 임종을 지켰다. 그리고 내가 마련한 수의를 그에게 입혔다.

  그 후 명수 씨의 부인과 아들이 성당에서 세례를 받았다. 그로부터 10년이 넘은 긴 세월이 흘렀건만, 부인은 지금도 잊지 않고 안부를 묻고, 소식을 전해 준다. 요즘 손주 보는 재미로 산다면서…….

● 우연이 필연이 된 만남

오랜만에 손녀와 공원에 나갔다. 간식과 그림책을 챙겨 한적한 벤치에 앉아 《노인과 바다》를 읽고 있었다. 실바람이 살결을 간질이고, 잠자리가 하늘과 땅을 가르며 신나게 날고 있었다.

그런데 그때, 옷차림이 단정하고, 지팡이를 가볍게 짚은 할아버지가 옆자리에 좀 앉아도 되겠느냐며 나에게 청했다. 나는 얼른 가방을 끌어당기며 "앉으세요." 했다. 할아버지는 어린 손녀와 책을 읽는 모습이 보기 좋아서 이 자리를 청했다고 했다.

"방해를 해서 미안해요."

"아닙니다. 고맙습니다."

할아버지는 바지 주머니에서 수첩만 한 일본어 책을 꺼내며, 일본어를 아느냐고 물었다.

"아니요, 못합니다."

할아버지는 도서관에 올 때면 공원에서 쉬었다 간다고 했다. 몸이 불편해 보여 어디가 불편하시냐고 물었더니, 대답 대신 그냥 웃기만 했다. 그러나 나는 할아버지가 자리에서 일어나는 모습에서 큰 병을 앓고 있음을 느낄 수가 있었다. 할아버지는 일본어 책을 주머니에 넣고 손을 들어 인사하며 갔다.

"아가야, 잘 가라."

나는 일어서서 할아버지에게 인사했다.

"안녕히 가세요."

이것이 할아버지와의 첫 번째 만남이었다.

그 후 나는 백화점 지하 서점에서 할아버지를 두 번째로 만났다. 할아버지는 외국 서적 코너에 있었다.

"안녕하세요, 서점에 자주 오세요?"

할아버지는 가끔 필요한 책을 주문하러 온다고 했다.

그리고 공원 근처의 중국집에 본당 자매님과 점심 식사를 하러 갔다가, 그곳에서 할아버지를 세 번째로 만났다. 할아버지는 친구분들과 식사 중이었다.

"허허, 또 만났네요."

"네, 그동안 편안하셨어요?"

그 후 시민 회관에 공연을 보러 손녀와 같이 갔다가 그곳 로비에서 할아버지를 네 번째로 만났다. 나도 반가웠지만 할아버지도 반가워했다. 처음으로 할아버지가 악수를 청했다. 그때 할아버지는 시에서 근무하는 아는 형제님과 함께 있었다.

나는 그 형제님을 통해서 할아버지에 대해 듣게 되었다. 김동준 할아버지는 78세로, 한국인 아버지와 일본인 어머니 사이에서 태어났고, 일본에서 공부를 마치고 귀국해서 대학 교수로 있다가 퇴직한 분이었다. 또한 2년 전에 심장 수술을 받았고, 지금은 전립선암으로 투병 중이라는 이야기도 들었다.

어느 날, 할아버지가 점심 약속을 하고는 약속 장소에 나오지 않았다. 무슨 일이 있나 싶어 형제님에게 연락했지만, 그분 역시 사정을 모르고 있었다. 걱정이 되어 할아버지 댁에 가 보니 문이 잠겨 있어, 옆집에 알아보니 어제저녁에 119로 병원에 가셨다는 이야기를 들었다.

나는 할아버지가 입원해 있는 병실을 방문했다. 할아버지는 전날 친구와 냉면을 먹었는데 위경련이 와서 직접 119로 전화를 했다고 말했다.

"정말 다행이에요."

"약속을 하고 못 지켜서 미안해요."

일주일 후, 할아버지는 퇴원했다. 이 일이 있고 나서 나는 종종 할아버지를 돌봐 주었다. 신앙이 없던 할아버지는 '요셉'이라는 세례명으로 세례도 받았다. 날씨가 추워지자 할아버지가 밖에 나오는 일이 뜸해졌다.

어느 날, 할아버지가 미국에 사는 아들의 전화번호를 주었다. 그러면서 만약 자신이 병원에 실려 가게 되면 연락을 해 달라고 부탁했다. 나는 막중한 책임을 느꼈다.

며칠을 감기로 고생한 후, 나는 2주 만에 할아버지 댁에 갔다. 할아버지는 지난번에 입원한 후로 기력이 떨어졌다. 추운 날씨에 밖에 못 나가고 집에만 있으니 더 기운이 없는 것 같았다. 나는 혹시라도 혼자 주무시다가 위험한 일이라도 일어날까 걱정이 되었다.

어느 날 손녀를 어린이집에 데려다 준 후, 카펫처럼 깔린 낙엽을 발로 툭툭 쳐 가며 할아버지 댁으로 걸음을 옮겼다. 현관문을 열고 들어서자 할아버지가 엉금엉금 문 앞으로 나오더니 나를 보고는 그대로 쓰러졌다.

"할아버지, 할아버지, 정신 차리세요."

나는 119에 전화했다. 그리고 할아버지가 알려 준 번호로 미국에 전화를 했는데 어린아이가 받았다. 뭐라고 하는지 알아들을 수가 없어 당황하고 있는데 어른이 다시 받았다.

"여보세요."

"여기 과천인데요, 할아버지께서 병원 응급실로 실려 가셨습니다. 지금 매우 위중하십니다."

그는 고맙다는 말과 함께 내 전화번호를 물었다. 조금 있다가 다시 전화가 왔는데 모레 밤늦게 도착한다고 나에게 말해 주었다.

몇 시간 후에 할아버지는 오랜 잠에서 깨어난 듯 의식을 회복했다. 나는 할아버지에게 모레 저녁에 아드님과 따님이 도착한다고 알려 주었다. 할아버지는 눈가에 눈물이 촉촉히 맺힌 채, 나에게 떨리는 목소리로 "수고를 또 했네요."라고 말했다.

면회를 하고 나와서 나는 "하느님, 감사합니다. 가족을 만날 수 있게 해 주셔서 감사합니다." 하고 감사 기도를 바쳤다.

나흘째 되는 날, 할아버지는 중환자실에서 아들과 딸을 만났다. 딸은 "용서하세요." 하며 흐느꼈다. 할아버지는 아들과 딸의 손을 꼭 잡고 "잘 왔다, 잘 왔어. 많이 보고 싶었다." 하며 눈물을 감추지 않았다. 할아버지는 입원한 지 13일 만에 급성 폐렴으로 세상을 떠났다.

할아버지! 갑자기 가시는 바람에 작별 인사도 못 했네요. 가시는 길 편안하시길 기도하겠습니다. 다음에 뵐 때는 아주 특별한 만남이 되겠죠?

🟠 예쁜 옷 입혀 드릴게요

 오늘도 임 할머니는 스텐 요강을 왼쪽 옆구리에 끼고 오른손에는 호미를 들고 약수터 가는 공터에서 텃밭을 일군다. 시금치, 근대, 호박 몇 포기 심은 곳에 거름을 주기 위해 굽은 허리 펴 가며 쉬엄쉬엄 걸어간다.

 임 할머니는 주택가 지하 뒷방에 세 들어 살았다. 그곳은 한낮에도 굴속같이 어두웠다. 나는 시간이 날 때, 할머니와 함께 점심도 먹고 빵도 사 주고, 방도 치워 주며 할머니와 인연을 맺었다. 그러다가 어느덧 4년이란 세월이 흘렀다.

 어느 날, 우유와 빵을 사 들고 가서 "할머니, 저 왔어요."라고 하자, 할머니는 "누구여?"라고 했다. 처음에는 장난치는 줄 알고 "저예요." 하며 우유를 컵에 따라 주었다. 그런데 또다시 "누구여?" 하며 정색을 하는 것이 아닌가! 나는 할머니 어깨를 만지며 "할머니, 저예요, 저." 하는데 할머니가 몸을 옆으로 비켜 앉았다. 그리고 우유와 빵을 먹고는 그대로 코를 골며 잠들었다. 할머니에게 이불을 덮어 주고 나오는데, 여느 날과 달리 표정도 없었던 것이 뭔가 이상했다. 집에 와서도 할머니의 이상한 행동이 혹시 치매 증세는 아닐까 하는 생각이 들었다.

며칠 후 할머니와 함께 추어탕 집에 갔는데, 음식이 나오자 할머니는 순식간에 뚝배기를 들어 올려 앞자락에 다 쏟아 부었다. 가게 아주머니의 도움으로 처리하고는 할머니와 함께 집으로 와서 할머니에게 "할머니, 왜 그랬어요?" 하고 묻는데, 아무 표정이 없었다. 뭔가 잘못한 것은 아는지 내 눈치를 살폈다. 이렇게 해서 할머니의 치매가 시작되었다.

그 후 할머니의 치매 증세는 점점 심해졌다. 어느 날은 콩죽을 가지고 갔더니, 잠깐 사이에 머리에 콩죽을 쏟아 부어 버렸다. 할머니 머리에서 콩죽이 흘러내리는데 왠지 그 모습에 웃음이 나왔다. 또 어떤 날은 계란 후라

이를 머리에 얹고 아기처럼 웃고 있기도 했다. 수도꼭지를 틀어 놔서 지하 방에 물난리가 난 적도 있었고, 파출소에서 몇 번이나 데려오기도 하는 등 별별 일들이 다 있었다.

하루 종일 궂은비가 내린 어느 날, 음식을 챙겨서 할머니에게 가 보니, 할머니가 남색에 빨간색 홑이불 깃을 무릎 위에 얹어 놓고 만지작거리며 구성진 가락으로 노래를 흥얼거리고 있었다. 그 모습을 보니 마음이 찡하고 코끝이 시렸다. 이런 때는 본정신이 들었나 하는 생각이 들었다. 내가 손뼉을 치며 할머니에게 물었다.

"할머니, 무슨 노래예요?"

할머니는 그냥 웃고 있었다.

내가 "할머니, 나 누구예요?"라고 묻자 "엄마, 엄마."라고 했다. 어떨 때는 동기간이라고 하기도 했다.

"할머니, 하늘나라에 가실 때 제가 예쁜 옷 입혀 드릴게요."라고 했더니 할머니는 그냥 웃고 있었다.

그런데 어느 날부터 할머니가 열도 높고 기침을 심하

게 하고 가래도 끓어, 약을 드렸지만 차도가 없었다. 온몸이 뜨거워서 찬 물수건을 머리에 얹고 몸을 닦아도 열이 내리지 않았다. 그 상태로 사흘째, 할머니는 열에 취해 계속 잠들었다. 그날 밤, 나는 할머니와 잠을 자야 했다. 아무래도 어려운 밤이 될 것만 같았다.

늦은 밤, 할머니의 딸이 와서 나와 함께 임종을 지켰다. 할머니는 편안히 잠든 듯 숨결을 내렸다. 이렇게 임 할머니와의 7년 인연을 내 삶에 사랑의 한 페이지로 남기게 되었다.

● 더 간절히 필요한 곳에 쓰이길

 명동 중앙 극장에 영화를 관람하러 여동생과 거리를 걷다가, 명동 성당 삼종이 울려서 가던 길을 멈추고 삼종 기도를 바쳤다. 그러고는 극장 앞에 서는데 동생이 "언니! 가방이 찢어졌어요!"라고 소리쳤다. 깜짝 놀라 어깨에 멘 가방을 보니, 크게 칼질이 되어 벌어져 있었고 텅 빈 가방 밑바닥에는 5단 묵주만 깔려 있었다. 지갑에는 다음 날 쓰기 위해 준비해 둔 10만 원짜리 수표 다섯 장과 8만 원이 들어 있었다.

 그 순간, 내 옆에 바짝 붙어 있던 남자가 직감적으로 의심이 되어, 극장 주변을 순찰 중인 경찰에게 신고했다. 붙잡힌 젊은 남자는 점잖게 왜 이러느냐고 했다. 남자는 파출소에서 간단한 조사를 받고 경찰서로 이송되었고, 형사가 몸수색을 했다. 수표는 없었고, 남자의 지갑에서 오랫동안 간직한 듯한 낡은 김대건 신부님의 상본이 나왔다. 그것을 보고 '아이고 신자들끼리, 이거 야단났네.' 하는 생각이 들었다.

나는 형사에게 내가 사람을 잘못 보았다고 했지만, 형사는 무슨 느낌이라도 있는 것인지 그 남자가 범인이라고 했다. 나는 형사에게 그 남자와 이야기 좀 하겠다고 청했다.

나는 이 남자가 쉬는 교우라는 확신이 들었다. 연신 담배를 피우는 남자에게 나는 조용히 물었다.

"형제님, 저도 신자입니다. 저는 S성당에 다니고 있습니다. 지금 냉담 중이시지요?"

내 말에 남자는 몹시 당황스러워했다. 남자와 이야기를 하고 있는데 경찰이 직장으로 연락을 했는지, 남자의 상사로 보이는 사람들이 경찰서로 들어왔다.

"이 사람아, 오늘 출근도 안 하고 어찌된 일이야?"

남자는 고개를 푹 숙이며 일어났다.

"죄송합니다."

나는 바로 자리에서 일어나서 말했다.

"죄송합니다. 제가 사람을 잘못 보았습니다."

그리고 형사에게도 사과하고 어떤 이의도 제기하지 않겠다는 각서 한 장을 써 놓고 나왔다. 물론 남자도 경찰서를 나왔다. 나는 남자에게 차 한잔하자고 했다. 커피가 다 식도록 말없이 앉아 있던 남자가 어느 순간 말을 꺼내기 시작했다. 아파트를 분양받았는데, 분양금 문제로 아내와 크게 다투었고 아내가 나가서 차에 치어 죽으면 보상금이라도 받는다고 했다며 눈시울을 붉혔다.

세상에! 이런 독설이 부부의 입에서 나오다니! 남편이 죽은 뒤 보상금을 받아서 무엇하겠는가? 수표 이야기는 한 마디도 없었다. 그래도 이 남자는 내가 왜 형사에게, 그리고 직장 상사에게 머리 숙여 사과했는지, 말은 하지 않아도 내 마음을 알고 있는 것 같았다. 나는 남자에게 말했다.

"58만 원이 나보다 형제님에게 더 간절히 필요하신 것 같네요. 고해성사 보시고 마음에 평화를 가지세요. 형제님을 위해서 기도할게요."

남자는 감사 인사를 하며 고해성사를 보겠다고 약속했다.

나중에 알고 보니, 이 남자의 큰형이 나와 같은 성당에 다니고, 우리 가족과도 가깝게 지내는 사람이었다. 그제야 처음 경찰서에서 S성당 다닌다고 할 때 그 남자가 몹시 당황했던 이유를 알 수 있었다.

그 후 어느 날, 성당에서 행사가 있어서 성당 수돗가에서 과일을 씻는데, 그 남자의 큰형네 아이가 옆에 와서 나에게 졸랐다.

"아줌마! 딸기 좀 주세요."

난 조그맣게 벌린 아이의 손에 딸기를 담으며 물었다.

"작은아버지 성당에 나가시니?"

"아, 우리 작은아빠 아세요? 그럼 지수 누나도 아세요?"

"지수? 그럼 알지."

지수는 아마도 그 남자의 딸인 듯했다. 그 남자가 성당에 나간다는 말을 듣고 나는 "하느님, 감사합니다."라고 기도했다. 58만 원으로 쉬는 교우를 회심하게 한 사건은 정말 신비로운 체험이었다. 하느님이 하시는 일은 참으로 오묘하다.

🟠 240만 원이 든 통장을 건넨 할머니

박 할머니는 본인 스스로 살 의지를 잃고 삶에 지친, 내성적인 분이었다. 할머니는 개울가 옆 판잣집에 살고 있었다. '불쌍한 할머니가 있으니, 좀 자주 들여다 봐 달라'는 지인의 부탁으로 할머니와 인연을 맺게 되었다.

할머니는 스물세 살 때 열 살 위인 농부의 아들에게 시집을 갔다. 그런데 둘 사이에 아이가 안 생기자 남편이 외도를 했고, 딴 살림까지 차렸다. 결국 할머니는 이혼 서류에 도장을 찍고 그 길로 집을 나섰다. 세상 천지에 몸 비빌 데가 없어 막막했지만 어쩔 도리가 없었다.

어떻게 해서 일자리를 구한 할머니는 오기로 버티며 죽을 각오로 열심히 일했다. 그래도 나이가 젊었기에 남자들의 시선이 살갑게 다가왔고, 오토바이 퀵 서비스를 업으로 하는 사람을 만나 혼인하고 새살림을 차렸다.

두 사람이 열심히 벌어서 형편도 많이 좋아지고 통장에 돈도 쏠쏠히 들어왔다. 그러던 어느 날, 파출소에서 전화가 왔는데, 남편이 모 다방 아가씨를 오토바이에 태워 놀러 가다가 시내버스와 충돌하여 두 사람이 그 자리에서 즉사했다는 것이다. 심한 충격으로 병을 얻은 할머니는 정신과 치료까지 받아야 했다.

할머니는 당신같이 팔자 나쁜 년이 왜 살아야 되는지 모르겠다며, 꼭 살고 싶어 하는 사람에게 생명을 줄 수 있다면 주고 싶다고 했다. 심지어 누군가 당신을 죽여 주면 고마워서 240만 원이 든 통장까지 주고 싶다고 말할 때가 종종 있었다.

어느 날, 나는 꽃동네에 대해 할머니에게 조심스럽게 이야기했다. 할머니가 무슨 일을 저지를지, 어떻게 될지 걱정되는 마음에서였다. 할머니는 내 말에 아무 대답도 하지 않았다.

"할머니, 서운한 마음이 드세요?"

할머니가 고개를 절레절레 흔들었다.

"싫으시면 안 가셔도 돼요. 그냥 한번 생각해 보세요."

며칠 후 할머니에게 꽃동네 이야기를 다시 꺼냈더니, 할머니는 갈 수만 있으면 가겠다고 했다. 꽃동네로 떠나기 이틀 전, 할머니는 전화번호가 적힌 쪽지를 주며 꽃동네로 가게 되었다고 이 번호로 전화 좀 해 달라고 했다.

"할머니, 누구예요?"

내가 묻자 전남편 딸이라고 했다. 할머니 살림을 정리하고 있는데, 할머니가 그동안 보살펴 주었는데 신세를 갚을 길이 없다며 나에게 통장과 도장을 쓱 밀어 놓았다. 나는 당황하며 할머니에게 말했다.

"할머니, 그곳에 가셔도 나름대로 돈이 필요하실 거예요. 잘 간직하고 계세요."

그 후로 여러 해가 지났다. 그러던 어느 날, 나는 꽃동네 봉사자에게 전화를 받고 꽃동네로 향했다. 봉사자는 '꼭'이라는 말을 강조했다. 무슨 일이 있나 싶었다. 그런데 오랜만에 만난 할머니는 비록 많이 야위고 백발이 되었지만, 평화로워 보이고 얼굴도 온화해 보였다. 이웃에서 흔히 볼 수 있는 할머니의 모습이었다. 할머니는 늘 묵주 기도를 한다면서, 하도 꿈자리가 이상해서 무슨 일이 생겼나 궁금하여 전화를 부탁했다고 했다.

"잘하셨어요. 그런데 할머니, 참 편해 보이세요."

"이곳에 오길 정말 잘했어. 말동무도 있고. 별 사람이 다 모이는 곳이야. 며칠 전에 좋은 친구가 하늘나라로 떠나갔어."

나는 할머니와 나무 그늘에 앉아 이런저런 이야기를 나누었다. 할머니는 내게 꿈 이야기를 해 주었다. 내가 피투성이가 되어 있었는데 잠깐 사이에 피가 물로 변하며 싹 씻겨 나갔다고 했다. 할머니에게는 이야기하지 않았지만, 사실 그전에 교통사고를 당해 이 세상 하직할 뻔한 일을 겪은 적이 있었다.

'할머니, 감사합니다. 항상 기도해 주셔서요!'

할머니가 손을 흔들던 모습이 지금도 눈에 선하다.

소록도에 흐르는 사랑

몇 년 전, 나는 병원 봉사자 몇 사람과 함께 소록도로 피정을 간 적이 있었다. 6시간 정도 소요되는 장거리 여행길이었다. 육지에서 소록도를 잇는 다리가 공사 중이어서 500미터 거리를 배를 타고 갔다. 뱃멀미를 걱정했는데 막상 타고 보니 오히려 조금 더 배를 탔으면 하는 마음이 들었다. 섬은 고요했고 파도만 철썩 밀려왔다 쓸려 나갔다.

하늘에서 보면 섬 모양이 작은 사슴의 모습이라 소록도小鹿島라고 했다. 부자연스러운 육체를 가진 한센인들이 힘든 노동을 통해 가꾼 섬이 소록도였다. 우연히 소록도의 꽃사슴 세 마리와 마주쳤다. 역시 사슴의 눈은 선하다는 생각이 들었다.

다음 날은 성당에서 환우들과 미사 봉헌을 한다는 수

녀님 말씀에 조금은 긴장이 되었다. 미사 중 성가를 부르는데 어렵게 성가 페이지를 넘기는 분이 보였다. 나는 성가책을 들고 그분 곁으로 가서 미사를 보았다. 평화의 인사를 나눌 때 나는 생강처럼 뭉툭해진 그분의 손을 잡고 말했다.

"평화를 빕니다. 만나서 반갑습니다."

그분은 나에게 어디서 왔느냐고 물었다.

"병원 봉사자 피정을 하러 과천에서 왔습니다."

1년 후 나는 평화의 인사를 나눴던 그분의 초대로 다시 소록도에 가게 되었다. 그분 말에 따르면 내가 과천에서 병원 봉사자로 피정 왔다고 한 말을 기억하고 여기저기 수소문해 보았다고 했다. 장거리 여행길이었지만 마음이 들떠 있어 피곤함을 몰랐다. 버스 터미널에 도착하니 세 분이 마중을 나와 있었다. 나는 한센인의 흔적으로 바로 그분들을 알아보았는데 그분은 나를 알아보지 못하고 차에서 내리는 사람을 유심히 살펴보았다고 했다. 그리고 내 미소로 느낌이 왔다고 했다.

그분들은 미리 준비한 횟감을 차려 소주 한잔하면서 포크로 회를 집어 먹고, 회를 초고추장에 찍어 주며 나에게도 권했다. 나는 몸을 앞으로 숙여 그분들이 주는 회를 받아먹었다. 나를 소록도로 초대한 스테파노 할아버지는 포크를 손등에 끈으로 묶어서 사용했다. 할아버지는 소주 몇 잔을 마신 후 나에게서 보통 사람이 아닌 듯한 느낌을 받았다고 이야기했다.

처음 방문길에는 3박 4일을 할아버지, 할머니와 식사 준비도 하고 설거지도 했다. 고구마를 쪄 온 이웃 할머니 이외에도 요구르트를 사 온 분, 김치전을 부쳐 온 분도 있었다. 그 이후에는 여러 날을 그분들과 함께 지냈다.

스테파노 할아버지는 한센인으로서의 삶을 담담히 들려주었다. 살이 뭉개져도 아픔을 느끼지 못하는 게 한센병이라고 했다. 자고 일어나면 얼굴 형태가 함몰되고, 손가락, 발가락이 떨어져 나간다. 그 비통함이란 그 어디에도 비할 수 없었다. 할아버지는 젊은 나이인 스물네 살에 발병했다. 목숨을 끊으려고 했지만 할아버지에게는 그

마저도 허락되지 않았다.

문득 어린 시절, 어른들이 문둥이가 사람 간을 빼 먹는다며 진달래 꽃피는 봄에 뒷동산에 가지 못하게 했던 기억이 났다. 동네 어귀에 한센인들이 두세 명 들어서면 어른들이 몽둥이를 들고, 사내아이들이 돌팔매질을 해댔다. 동네 개들까지 합세해서 동구 밖으로 그들을 내몰았다. 그들은 내몰리기 위해서 온 듯 아무 저항 없이 몸을 숨기고 살았다.

그분들은 사회에서 인간으로 예우를 못 받고 저주스러운 눈길로 사람들이 바라보는 것이 가장 괴롭다고 했다. 언젠가 그 섬에 있는 분들과 냉면집에 간 적이 있었다. 몇 사람이 식사를 하고 있을 뿐, 가게는 한산했다. 가게 안으로 들어서는 나에게 식당 주인이 "어서 오세요." 하며 자리를 안내했다. 그런데 내 뒤로 들어오는 그분들을 보자 식당 주인이 갑자기 나에게 냉면 뽑는 사람이 잠깐 외출을 했다고 말했다. 나는 기다리겠다고 했지만 그분들이 나보고 빨리 나가자며 서둘러 나를 데리고 나왔다. 나는 영문도 모르고 끌려 나왔다. 나중에야 그분들을 꺼리는 음식점이 아직도 많다는 것을 알았다.

나는 사람들이 외면한 그 섬에서 따뜻한 정을 배웠고, 늘 하느님의 말씀을 묵상하며 기도하고 자신을 하느님께 온전히 봉헌하는 삶을 사는 분들을 만났다. 더욱 놀라운 것은 그분들이 성경을 2회에 걸쳐 필사를 했다는 것이다. 필체 또한 놀랍고 붓글씨는 더욱 놀라웠다. 나와 비교해 보니 부끄러웠다. 나는 나만의 아집에 갇혀 사는 이방인이었다.

사람들은 그분들과 함께하는 것에 내가 비위가 좋다고 이야기한다. 그러나 그분들과 함께할 수 있는 것은 사랑의 힘이다. 그분들도 우리와 똑같이 감정이 있고 사랑의 피가 흐른다. 다만 우리와 모습이 조금 다를 뿐이다. 가장 낮은 곳에서 손짓하며 불러 주는 절실한 소리, 그분들도 우리 이웃으로 예우받고 싶어 한다.

그 섬에 다녀오면 그분들을 이해하게 되고 내 삶에 활력소가 된다.

🟠 움막에 살던 할머니

내가 고등학교 1학년이었을 때의 일이다. 초가을 어느 일요일, 나는 어머니와 김장용 고추를 손질하고 있었다. 어머니와 이런저런 이야기를 나누며 고추 손질을 하다 보니 재채기가 연신 나오고, 콧물과 눈물이 주체할 수 없이 흘렀다. 그런데 그때 웬 할머니가 대문 안을 기웃거리는 모습이 보였다. 할머니는 사람이 있는 것을 보고 인기척을 내며 들어왔다. 동냥을 하러 온 것이다. 어머니는 나에게 쌀 항아리에 가서 쌀을 떠 오라고 했다. 나는 쌀을 넉넉히 떠서, 할머니가 메고 온 배낭에 부었다. 그 사이 할머니는 빠른 손놀림으로 고추 꼭지를 따고 있었다. 어머니가 할머니에게 물었다.

"자손이 없으세요?"

"딸이 하나 있는데 먹고살기가 힘에 부쳐요."

"할머니 고향이 어디세요?"

"삼척시 도계요."

"그래, 잠은 어디에서 주무세요?"

할머니는 동네 입구 모퉁이 몇 번째에 있는 집의 움막에서 지낸다고 했다. 어머니는 혼잣말을 했다.

"음, 김 씨네 움막이네."

나도 아는 집이었다. 어머니가 고추 꼭지를 따는 일을 도와준 할머니에게 약간의 돈을 건네니, 할머니가 손사래를 치며 사양했다. 나는 돈을 받아 할머니의 배낭에 얼른 넣었다. 할머니는 스님처럼 두 손을 모아 인사하고 떠났다. 그런데 그날 밤, 낮에 만난 할머니가 자꾸 생각나 잠을 설쳤다. 할머니가 동냥하는 걸 딸이 알고 있을까? 알고 있으면 얼마나 마음이 아플까?

다음 날 아침, 나는 어머니에게 도시락 두 개를 싸 달라고 했다. 그리고 도시락 하나는 등교하는 길에 움막 할머니에게 드리고, 하교하는 길에 깨끗이 씻어 놓은 빈 도시락을 들고 왔다. 며칠 후에 어머니는 이 일에 대해 알게 되었지만 아무 말도 하지 않았다.

 날씨가 점점 추워지면서 할머니가 걱정되었다. 어머니가 군용 담요 한 장과 솜저고리를 보냈다. 날씨가 몹시 추운 날이면 할머니는 우리 집에서 점심을 먹고 가기도 했다.

 우리 집에서는 매년 음력 시월에 자동차 고사를 지냈다. 커다란 시루 세 개에 붉은 팥이 듬뿍 얹어진 떡이 열기를 뿜어냈다. 어머니는 떡을 항상 넉넉히 해서 이웃과 나누곤 했다. 나는 뜨끈한 시루떡을 들고 떡이 식을까 봐 옷 속에 품고 움막 할머니에게 갔다. 그런데 할머니가 울고 있었다.

 "할머니, 왜 우세요?"

 할머니는 흐느끼다 손등으로 눈물을 닦았다.

 "왔어?"

 "네. 할머니, 떡 잡수세요."

 나는 할머니를 어떻게 위로해야 할지 몰라서 그냥 슬그머니 나왔다. 왠지 발걸음도 무겁고 마음도 아팠다.

겨울이 지나고 어느 따뜻한 봄날 아침, 도시락을 꺼내 놓는데 할머니가 없었다. 어디 간 것일까? 나는 수업 시간에도 아침에 만나지 못한 할머니가 어디 갔을까 계속 생각했다. 하교하는 길에 움막에 들러 보니 아침에 놓은 도시락이 그대로 놓여 있었다. 할머니가 동냥하러 멀리 갔나 싶어 두리번거리는데, 쭉 찢은 노트 한 장이 문짝에 끼어 있었다. 노트를 읽어 보니 배 아파 낳은 자식도 아닌 어린 학생이 이렇게 고맙게 해 주는데, 딸에게 가야겠다고 적혀 있었다.

나는 '움막 할머니, 잘하셨어요. 가신다고 말씀하셨으면 우리 엄마가 도와 드렸을 텐데 말이죠.' 하고 생각했다. 나중에 들어 보니 어머니는 할머니가 떠난 것을 알고 있었다고 한다.

내가
가야 하는 길

● 종씨 누님이라고 부르던 논산 아저씨

 암 병동에서 처음 만난 안칠호 씨는 46세로, 키가 크고 골격도 좋았다. 집은 논산이고 직업은 농사꾼이라고 자신을 소개했다. 그는 건강 하나만은 자신하고 살았다. 그런데 지난해 가을, 그리 무겁지도 않은 볏단을 들어 올리는데 순간 가슴에 심한 통증이 와서 '억' 하고 주저앉았다. 농사일이라는 게 워낙 힘들다 보니 자주 결린 적이 있었기에, 그냥저냥 넘어갔다.

 그러다가 부인의 성화로 시내에 있는 병원에서 검사를 받았는데, 폐에 이상이 있다는 소견이 나왔다. 그는 소견서를 들고 와, 종합 병원에서 검사를 받았다. 그러면서 병원에서 마주한 나에게 병원이 매상 올리려고 쓸데없는 검사를 많이 하는 것 같다며 별일 없을 거라고 장담했다. 그런데 며칠 후 병원에서 그를 만났을 때, 나는 무언가 이상 기류를 느낄 수 있었다. 나는 미소를 지으며 인사했다.

"평화를 빕니다."

그는 나를 힐끗 쳐다보고는 시선을 피했다.

"안칠호 씨, 검사 결과 나왔어요?"라고 묻자 그는 고개만 끄덕였다. 그러다가 대뜸 "서울에서 제일 유명한 병원이 어느 병원입니까?" 하고 물었다. 그리고 잠시 후에 긴 한숨을 토하며 어이가 없다는 표정으로 말했다.

"글쎄, 내가 폐암이랍니다. 상태가 심각한 것처럼 말했는데, 의사가 젊어서 잘 모르는 것 같아요. 저, 보다시피 건강하지 않습니까?"

그는 뭔가 잘못된 것 같다며, 자신은 담배도 안 피우고 술도 막걸리만 마시는데, 술주정 한 번 해 본 일 없이 적당히 마신다고 했다. 그는 '내가 그럴 리가 없다'며 흥분했다.

그 후 그는 충격으로 여러 날 치료를 거부했으나, 부인의 설득으로 겨우 치료에 들어갔다. 나는 "요즘 의학

이 많이 좋아졌어요. 희망을 잃지 마세요."라고 하며 그를 위로했다. 그러나 그는 긴 한숨을 쉬었다.

칠호 씨는 자기와 성씨가 같은 나를 '종씨 누님'이라고 부르며 좋아했다. 그는 대화 중에 딸 자랑을 많이 했다. 공부도 잘하고 성격도 좋고 운동을 좋아하며, 자신을 닮아 키가 커서 농구를 잘한다고 했다. 엄마보다 아빠를 더 좋아한다며 용돈을 탈 때는 애교를 부린다고 했다. 그리고 부인에게 힘든 일을 맡겨서 미안하고 치료를 잘 받고 빨리 나아야겠다고 했다.

그런데 어느 날부터 칠호 씨의 몸 상태가 나빠졌다. 얼굴도 많이 검어졌다. 최근에 입맛이 없다며 식판을 그대로 내놓는다고 옆 환자가 나에게 일러 주었다.

"식사를 거르지 말아요."

내가 조금이라도 먹으라고 하자 그는 칼칼한 음식이 먹고 싶다며 "밀가루를 풀어 고추장을 넣고 호박, 양파, 풋고추를 넣어 지진 장떡이 먹고 싶네요."라고 했다.

"알았어요. 모레 올 때 맛있게 해 올 테니 식사 잘 하고 있어야 돼요." 하며 일어서려는데 그가 느닷없이 "종씨 누님, 나 힘들 것 같아요." 하고 말했다.

"왜 그런 생각을 해요?"

"요새 꿈자리가 영 기분이 나빠요. 내가 죽는 꿈을 자주 꾸어요. 종씨 누님, 참 고맙습니다."

"마음을 편히 하고, 모레 장떡 해 올 테니 기다려요."

"네, 하느님한테 마음대로 하시라고 했어요."

다음 날, 칠호 씨는 중환자실로 옮겨졌다. 사흘 후에는 1인실로 옮겨졌다. 부인과 딸이 조용히 그의 임종을 지키고 있었다. 비록 신자는 아니었지만 나는 그를 위해 임종경을 바쳤다. 폐암 진단을 받은 지 11개월 7일째인 초겨울, 칠호 씨는 하늘나라로 떠났다.

그 후 어느 날, 논산에서 택배가 왔다. 칠호 씨의 딸 이름으로 온 택배였다. 택배에는 보리쌀, 딸기, 포도가 들어 있었다. 그 이후에도 10여 년을 잊지 않고 나에게 찰보리쌀을 보내 주고 있다.

● 욕쟁이 할머니의 기구한 사연

누룽지를 좋아하던 욕쟁이 양 할머니. 할머니는 78세로, 노환에다 폐암 환자였다. 그리고 딸과 함께 살았는데 모녀지간에 정이 없어 보였다. 아마도 딸이 이혼하고 어머니와 같이 사는 것 같았는데, 왠지 냉랭하고 얼굴 보기가 쉽지 않았다. 딸은 처녀 시절에 세례를 받았지만 오랫동안 냉담 중이라고 했다. 그리고 아들은 오래전에 미국으로 이민을 갔다고 했다.

"할머니, 저 왔어요."

할머니는 내가 싸 온 누룽지를 보자 열무김치와 먹고 싶다고 했다. 나는 시장에 나가 열무김치를 조금 사 왔다. 할머니는 누룽지와 열무김치를 맛있게 먹었다.

돌보는 사람 없이 항상 쓸쓸히 지내던 할머니. 보통 키에 피부색은 검고 접힌 굵은 주름살이 있던 할머니. 걸

걸하고 탁한 음성에 첫인상부터 억세 보인 할머니였다.

할머니가 기운을 차린 날은 욕을 하는 날이었다. 딸이 집에 들어오지 않는 날은 어디 가서 가랑이 벌리고 있는 년이라며 듣기 민망한 욕을 퍼부었다. 그러면서 생전 처음 들어 보는 욕을 마구 내뱉었다.

"할머니! 딸에게 왜 그런 모진 욕을 하세요?"

내가 이렇게 말하면 할머니는 원수 같은 자식들 때문에 화병이 생겼다며 자식 탓을 했다. 한참 흥분할 때는, 자식에게 섭섭한 마음을 담아 입에 거품을 물며 천박스럽게 욕을 쏟아 냈다. 무언가 어른답지 않다고 생각하며, 문득 젊은 시절에 무엇을 하던 분일까 궁금해졌다.

어느 날, 할머니가 며칠 동안 변을 못 봤다며 변기에 앉을 기운조차 없다고 했다. 나는 화장실에 신문을 깔아 놓고 할머니를 화장실로 데리고 갔다. 그런데 조금 있다가 화장실 문을 열어 보니 할머니가 옆으로 쓰러져 있었다. 나는 할머니를 일으키며 말했다.

"괜찮으세요?"

할머니는 고개만 끄덕였다. 나는 할머니를 자리에 눕혔다. 왠지 느낌이 좋지 않았다.

"할머니, 따님에게 빨리 들어오라고 전화할까요?"

할머니가 다시 고개를 끄덕였다. 나는 딸 직장에 전화해서 전화를 받은 사람에게 메모를 부탁했다. 할머니는 열이 높고 호흡이 빠른 상태였다. 온몸에 생명의 숨소리가 미약했다. 할머니는 초점 잃은 눈으로 무슨 말이라도 할 듯, 입을 우물우물 하는데 통 알아들을 수가 없었다. 할머니를 병원으로 옮겨야 했는데, 보호자인 딸에게 연락이 오지 않았다. 나 혼자 임종을 지켜야 되나 싶었다.

밤 11시가 되어서야 딸이 연락을 못 받았다며 들어왔다. 딸은 어디론가 전화를 했고, 30분 정도 기다리니, 한 젊은 남자가 왔다. 할머니를 차에 모시고 급히 병원으로 갔다. 이튿날 중환자실에 가니, 할머니가 하루 사이에 다른 사람으로 변해 있었다. 내가 "할머니." 하고 부르자, 할머니는 내 목소리에 눈을 뜨려 했지만 뜨지 못했다. 그리고 입원한 지 9일 만에 임종했다. 할머니가 세상을 떠난 후, 그 딸이 할머니의 과거를 들려주었다.

할머니는 일제 강점기에 위안부에 끌려가 몸에 깊은 병이 들었다. 병사들을 상대할 수 없게 되자 그들은 할머니를 버렸는데, 어느 일본 군인이 그런 할머니를 구해 주었다. 그 군인 사이에서 할머니의 딸과 아들이 태어났다. 그 군인은 전사했다고 했다.

할머니네 가족은 밥도 굶으며 고생하다가 부산으로 오게 되었고, 할머니가 생선 파는 큰 시장에서 막일을 하면서 어느 정도 먹고살 수 있게 되었다. 그러나 한국 전쟁이 일어나면서, 할머니의 운명은 저 깊은 나락으로 떨어졌다. 할머니는 어린 자식들과 살기 위해 양색시(미군 병사를 상대로 몸을 파는 여자를 이르던 말) 생활을 한 것이다. 그때 미군 병사가 할머니의 아들을 입양해 귀국할 때 데리고 갔고 그 이후 소식이 없다고 했다. 그 후 할머니는 매일 술과 담배로 세월을 보냈고 결국 알코올 중독으로 폐인이 되었다. 할머니는 자식 때문에 자기 신세가 개꼴이라고 욕을 밥 먹듯이 해 댔다고 했다.

참으로 경험하기 어려운 기구한 삶을 살아온 할머니! 그 삶의 무게에 눌려 분노와 원망이 가슴에 가득했던 욕쟁이 할머니를, 딸의 이야기를 듣고 이해하게 되었다. 딸은 이러한 사연을 처음으로 이야기한다며 많이 울었다.

난 지금도 누룽지와 열무김치를 보면 욕쟁이 할머니가 생각난다.

🟠 어머니의 위대한 힘

 박해순 할머니는 74세로, 아들과 며느리, 그리고 어린 아이들과 함께 비닐하우스에서 살고 있었다. 고향은 강원도 태백인데, 아들이 오락실을 하다가 망했다고 했다. 도시에 가면 일자리가 있을 것으로 생각했으나 막상 와서 보니 생각처럼 일이 풀리지 않았다. 아들은 화훼 단지에서 막일을 하고 며느리는 식당에서 일을 했다. 할머니는 가난이 원수라 하나뿐인 아들 결혼식도 못 올려 주었다며 한숨을 깊이 쉬었다.

 그러다가 언젠가부터 아들이 시름시름 앓았다. 아들은 몸살감기라고 했지만 할머니의 속마음은 편치 않았다. 할아버지가 탄광에서 광부로 일하다가 폐암으로 일찍 세상을 떠났기 때문이다. 할머니는 공기 나쁜 곳에서 살다가 남편과 아들을 다 죽이는구나 하는 생각이 들었다고 했다.

아들이 동네 병원에서 진찰을 받았는데 종합 병원에 가서 검사를 받으라는 의사의 말에, 할머니는 마음속으로 염려했던 일이 왔다는 생각을 했다. 검사를 받고 며칠 후 곧바로 연락이 왔는데, 검사 결과는 폐암이었다. 아들은 그 길로 입원을 해서 9개월간 병원 생활을 했으나 경제적인 어려움으로 퇴원을 하고 약만 받아 왔다.

할머니의 아들은 자주 거친 말을 하곤 했다. "농약을 사 와라. 내가 빨리 죽어야 식구들이 살 수 있다."라며 흥분했다. 어떤 때는 "자식을 많이 낳았으면 잘되는 자식도 있어 어머니를 모실 수 있었겠지만, 이제 어쩔 것이냐!" 하며 약상자를 집어 던졌다. 어느 날, 그 집에 방문해서 누룽지를 조금 끓여 주었는데, 수저를 든 그의 손이 덜덜 떨렸다.

"아주머니, 이제 오지 마세요. 나 같은 놈 도와줘 봤자 아무 소용없어요. 그리고 도저히 미안해서 안 되겠어요."

"정말 내가 오지 않았으면 좋겠어요?"

대답이 없었다.

"그래요, 알았어요."

옆에서 할머니가 아들이 고마우면서도 미안한 마음에 본심이 아닌 말을 한다며, 내가 안 오는 날에는 언제 오냐고 묻고 기다린다고 거들었다.

그러던 어느 날 아침, 나는 부인의 다급한 전화를 받았다.

"준호 아빠가 이상해요. 빨리 좀 와 주세요."

급히 가 보니, 그는 계속 엇박자로 고르지 않은 숨을 몰아쉬고 있었다. 이럴 때면 그저 지켜볼 수밖에 없는 인간의 무력함을 느낀다. 그리고 그날 오후, 한 생명의 숨결이 멈추었고 아들 잃은 어머니, 남편 잃은 부인, 철모르는 아이의 울음이 비닐하우스 천장을 뚫었다.

부인은 아이가 어려 집에 남아 있어야 했기에 할머니가 나 보고 장지에 같이 가 달라고 부탁했다. 새벽 3시쯤에 태백역에 도착해서 대합실을 나오는데, 할머니가 갑자기 내 손을 덥석 잡으며, 선산도 없고 고향이라고 해도 알릴 만한 친척도 없지만, 객지에 나가 고생만 하고 죽은 아들을 아버지 곁에 묻어 주고 싶다고 했다. 내가 "지금요?" 하고 묻자 할머니는 고개를 끄덕였다.

"아니, 이 밤중에요?"

너무 황당한 일이라 머릿속이 혼란스러웠다. 유골함을 넣은 쇼핑백을 손에 든 할머니가 택시를 탔고 나도 엉거주춤하며 할머니를 따라 차에 탔다. 그리고 어느 산에 도착하여 불빛 하나 없는 칠흑 같은 산길을 작은 플래시 불빛에 의지하여 올라갔다.

나는 산을 올라가면서 바람결에 나뭇가지 스치는 소리에도 놀라고 내 발길에 낙엽이 밟히는 소리에도 놀랐다. 가슴이 벌렁벌렁 뛰고 다리가 후들후들 떨렸다. 나는 할머니 옆에 바짝 붙어서 갔다. 어느 지점에 이르자, 할머니는 〈전설의 고향〉에서 여우가 사람으로 둔갑해서 무덤을 파듯, 땅을 깊고 넓게 팠다. 그리고 유골함과 무엇인지 모르는 누런 보자기에 싼 것을 함께 묻었다. 그러고 나서 발로 땅을 밟아 다지고 소주 반병을 붓고 또 밟고는, 담뱃불을 붙여 놓고 마지막 말을 했다.

"기찬아, 하늘나라에서 느 아버지 만나서 잘 살아라."

나는 무서워서 덜덜 떨고만 있었다. 내려올 때도 제대로 발을 뗄 수가 없었다. 그러다가 균형을 잃고 넘어지는 바람에 신발 한 짝이 벗겨졌다. 그러나 신발 한 짝이 문제가 아니었다. 빨리 이곳을 벗어나야 살 수 있다는 생각뿐이었다. 나는 허둥지둥 산길을 내려왔다.

발바닥에 피가 나서 끈적거리고 얼굴도 상처가 나서 쓰라렸다. 연탄가스 마신 것처럼 토할 것 같았고 구역질도 났다. 태백역에 와서도 대합실 의자에 누워 헛구역질을 했다. 할머니가 등을 쓸어 주었지만 나는 할머니 얼굴도 보기 싫었다. '나쁜 노인네, 정성을 다해 아들을 돌봐 주었는데 이게 도대체 뭐하는 짓이야!' 하는 생각이 들며 화가 났다.

청량리역에 내리니 허파에서 아주 긴 들숨 날숨이 쉬어지며 막혀 있던 숨구멍이 확 뚫린 기분이 들었다. 정말 경험하기 쉽지 않은 악몽의 시간이었다. 그 뒤 나는 며칠을 앓아누웠다. 사실 그때 할머니의 모습은 신들린 사람처럼 보여 무서웠다.

여러 날이 지나 전화가 왔지만 나는 아프다며 냉정하게 끊었다. 그러면서도 마음 한쪽이 편치 않아, 한 달 정도 지나 할머니 댁을 방문했다. 할머니는 죽었다 살아온 사람을 보듯 내 손을 잡고 나를 반겨 주었다. 할머니는 형편도 궁색하고 혹시라도 문제가 생길까 싶어서 당일치기로 일을 치렀다고 했다. 훗날 세월이 흐르고 보니, 어머니가 떠나는 자식을 마지막으로 아버지 곁에 묻어 주고 싶었던 그 마음을 이해할 수 있었다. 어머니의 힘은 참으로 위대하다.

🟠 마지막까지 금슬이 좋았던 할머니와 할아버지

중풍으로 누운 지 6년 째. 말도 못하고 몸을 전혀 움직일 수가 없었다. 그러나 하품을 할 때는 목젖이 보일 정도로 시원하게 하품을 잘하는 법연 보살 할머니!

김 할아버지는 84세, 홍 할머니는 76세로, 금슬이 좋았다. 할머니의 오랜 병 수발을 들며 할아버지도 몸이 많이 쇠약해졌다. 할아버지는 고향 친구분을 만나고 돌아오면 바깥소식을 할머니에게 전해 주었다.

"덕수 할아버지가 당신 안부 물었어. 그래서 편안하다고 했지."

10개월 전 할머니를 처음 만났을 때는 할아버지가 병원을 가는 날이었기에, 할머니와 단둘이 있게 되었다. 할머니는 눈을 휘둥그레 뜨며 눈동자를 좌우로 바삐 움직였다. 불안해 보였다. 나는 할머니의 다리를 주무르며 말했다.

"할머니! 할아버지는 병원 가셨는데 조금 있으면 들어오세요. 봄이 왔어요. 냉이도 나오고 쑥도 나오고 개나리꽃이 피었어요. 우리 어머니도 절에 다니셨어요. 여학교 때 수덕사에 며칠 묵은 일이 있었는데, 정말 예쁜 비구니 스님이 계셨지요."

나는 절에 대한 이야기를 할머니에게 들려주었다. 그리고 할머니에게 종종 천수경(불교 경전 중 하나)을 읽어 주곤 했는데, 그럴 때면 할머니는 가만히 들으며 편안한 모습을 보였다.

늦가을 날씨가 선뜻했다. 며칠 만에 그곳을 방문해 보니 고향에 다녀온 할아버지가 기운이 없어 보였다. 앉으면 자꾸 옆으로 쓰러졌다. 나는 할아버지의 아들에게 연락해서 할아버지를 병원으로 옮겼다. 노환에 영양 상태가 나빴기에 할아버지는 폐렴으로 입원한 지 16일 만에 세상을 떠났다. 할머니가 다니는 절에서 스님이 오셔서 불교식으로 장례를 치렀다.

그러고 나서 일주일 후 할머니 댁을 방문했을 때, 할머니가 매우 불안해 보였다. 눈을 좌우로 막 움직였고 입술도 떨고 있었다. 느낌으로 할아버지가 없다는 것을 알면서도, 낮에도 밤에도 할아버지를 찾으며 불안한 모습을 보였다.

그 뒤 음식도 거부하던 할머니는 병세가 급격히 나빠졌고, 할아버지가 세상을 떠난 지 5개월 만에 임종했다. 두 분이 금슬이 좋더니 긴 세월 고생한 할머니를 할아버지가 하늘나라로 부른 게 아닌가 싶다. 이렇게 나는 할머니와 할아버지를 하늘나라로 나란히 배웅했다.

🟠 산 할아버지와 텃밭

송영호 할아버지는 76세로, 처음 만났을 때는 탤런트 최불암 씨와 매우 닮았다는 인상을 받았다. 할아버지는 몇 년 전에 심장 수술을 받았는데, 당뇨가 있고 시력도 나빴다. 할아버지의 아들과 딸은 외국에 살고 있었으며, 할아버지의 조카가 근처에 살고 있었다. 할아버지는 산자락 기슭에 자리한 작고 허름한 방 두 칸짜리 집에서 살았는데, 세탁기나 청소기는 없었고, 가전이라고는 작은 냉장고와 아주 오래된 TV가 전부였다. 나는 종종 그곳을 방문했는데, 어느 날은 꽃 시장에 가서 고추, 가지, 호박, 상추, 쑥갓의 모종을 몇 판씩 사 왔다.

할아버지에게는 오래전에 채소를 심었던 텃밭이 있었다. 할머니가 세상을 떠난 후 그곳에는 잡풀만 무성했다. 바로 그 텃밭에 모종을 심으려고 사간 것이다. 모종을 심는데 흙냄새가 정말 좋았다. 할아버지는 어떻게 이런 생각을 다 했느냐며 흐뭇해했다.

어느 날 할아버지는 나에게 가족사진을 보여 주었다. 할머니는 동그스름한 얼굴에 과묵해 보였다. 속이 너무 무거워 답답한 일도 많았지만 심성이 고운 사람이었다고 했다. 그리고 여자는 좀 나긋나긋해야 집안에 웃음이 떠나지 않고 가정이 화평하다고 덧붙였다.

그해 가을, 텃밭에서 호박과 빨간 고추 등을 따며 수확의 기쁨을 만끽했다. 첫눈이 내리는 어느 날, 호박죽을 쑤어 갔더니, 할아버지가 간이 맞는다며 맛있게 먹었다.

유난히 춥고 눈도 많이 내린 그해 겨울이었다. 어느 날 새벽 3시경에 할아버지 조카의 전화를 받았다.

"아주머니! 작은아버지가 갑자기 호흡 곤란이 와서 병원 응급실로 모셨어요."

그 길로 나는 택시를 타고 병원으로 갔지만, 할아버지는 끝내 깨어나지 못하고 몇 시간 만에 세상을 떠났다. 나는 우리 친정아버지가 세상을 떠났을 때처럼 많이 울었다.

  삼우제를 지낸 후, 나는 할아버지의 아들과 딸에게 그동안 있었던 할아버지의 일상을 들려주었다. 할아버지가 아들, 딸을 많이 그리워했다고 했다. 할아버지의 조카가 작은아버지가 나에게 많이 의지하며 밝게 살았다고 딸에게 말하자, 딸이 "고맙습니다." 하며 내 손을 잡고 많이 울었다. 며칠 후 그들과 다 함께 식사를 하는데 마음 한 구석이 '휑' 하고 쓸려 나간 듯한 기분이 들었다.

● 물 한 잔만 주세요

 초겨울 이른 아침, 초인종 소리에 인터폰을 확인하니, 50대 초반으로 보이는 남자가 검은색 가방을 메고 서 있는 모습이 보였다.
"누구세요?"
"물 한 잔만 주세요."
 이 이른 아침 시간에 물 한 잔을 달라니, 배고픈 사람이구나 생각하며 나는 문을 열고 식탁에 앉으라고 했다. 그리고 곰국을 한 사발 뜨고 밥도 넉넉히 뜨고 김치도 새로 한 포기 꺼내 썰어 놓고 어서 먹으라고 권했다. 밥을 다 먹고 난 그 남자에게 커피도 한 잔 타 주었다. 그런데 남자가 커피를 마시며 집 안을 휙 둘러보고는, 화장실을 간다면서 방 안을 여기저기 살피는 것이 아닌가. 나는 갑자기 온몸에 한기가 느껴졌다. 일 났네 싶어 십자 성호를 굿고, 앞집에 사는 형제님에게 휴대폰으로 전화했다.

"어디 계세요?"

형제님이 경마장 근처 사무실에 있다고 대답했다.

"지금 빨리 우리 집으로 와 주세요. 빨리요."

나는 남자가 화장실에서 나오는 소리에 급히 휴대폰을 껐다.

"아저씨, 식사도 했으니 이제 그만 가 보세요."

나는 우리 집에서 성당 사람들 모임이 있다고 했다. 그런데 남자는 갑자기 손금을 봐 준다며 나의 손을 꽉 잡았다. 본색을 드러낸 것이다. 나는 태연하게 말했다.

"하느님을 믿는 사람은 그런 말 안 믿어요."

그러면서 청소해야 되니 그만 가라고 해도, 계속 내 손바닥을 보면서 사랑을 많이 받으며 어려운 일도 잘 해결하는 안방마님 사주라고 하는 것이다.

"그래요, 알았어요. 이제 이 손 놓고 그만 가 봐요."

그러자 남자는 내 손을 더 세게 잡으며 돈을 달라고 요구했다.

"알았어요."

나는 속으로 형제님이 올 시간을 가늠했다. 바로 그때 초인종 소리가 났고 남자가 멈칫하는 사이, 나는 얼른 남자의 손을 뿌리치고 현관문을 확 열었다. 문 앞에 서 있던 형제님은 어떤 상황인지 직감했다. 나는 태연스럽게 말했다.

"어서 오세요. 일찍 오셨네요."

집 안으로 들어온 형제님은 자리에 앉아 신문을 펼쳤고, 나는 청소기를 돌렸다. 남자는 무엇인가 망설이는 듯 주춤거렸다. 나는 경찰에 신고하기 전에 남자에게 빨리 가라고 하며 말했다.

"배불리 먹었으면 '고맙습니다. 잘 먹었습니다.' 하고 가야지, 이게 무슨 짓이에요."

형제님도 자리에서 벌떡 일어서며 말했다.

"그만 가시오."

남자는 좋은 건수를 놓쳐 아까운 마음이 든 건지, 신발을 신으며 형제님을 힐끗 쳐다보고는 문밖으로 나갔다. 나는 십자 성호를 긋고 성모님을 부르며 주저앉았다. 그날 밤 잠자리에서 그 남자의 얼굴이 창문에 그려져 잠을 잘 수가 없었고, 며칠 동안 진정제 약을 복용해야 했다. 사무장님이 이 소식을 듣고 나에게 말했다.

"회장님만 배고픈 사람으로 보였지, 다른 사람은 문 안 열어 줘요."

그리고 나를 도와준 형제님은 "앞집 아저씨는 곰국 한 그릇 안 주면서, 엄한 놈을 몸보신시키네." 하고 농담을 하곤 했다.

나는 전화 한 통화에 달려와 준 그 형제님이 너무나 고마웠다. 역시 이웃이 먼 사촌보다 가깝나 보다.

● 숨은 꽃 터트리다

30여 년 전, 나는 유방암 검사를 받았다.

"암입니다."

순간 아찔하고 눈앞이 아득했다. 마치 사형 선고를 받은 심정이었다. 암 진단이 나오면 환자나 가족은 죽음을 먼저 떠올린다는데, 문득 오래전에 세상을 떠난 친정어머니의 모습이 떠올랐다. 암 환자들과 오래 함께한 마음의 여유인 것인지, 한편으로는 담담한 마음도 들었다. 그래도 역시 모든 게 믿어지지 않았다.

'이렇게 건강한데 암이라니.'

시간이 흐를수록 죽을 수도 있다는 불안감이 나를 옥죄었다. 나는 내가 손수 마무리해야 할 무엇인가 있을 것 같았지만, 머릿속이 그저 백지 상태였다. 언젠가 어느 모임에서 '나에게 사흘만 주어진다면'이라는 주제로 대화를 한 일이 있었다. 여러 가지 답이 나왔다.

"바다 절벽에서 지칠 때까지 멋지게 다이빙을 하겠다."

"열광적으로 피아노를 치겠다."

"파티를 열어 즐겁게 놀고 떠나겠다."

"무작정 떠나겠다. 쓰러질 때까지."

"학교 교정에서 애국가를 힘차게 부르겠다."

"인사불성이 되도록 술을 마시겠다."

"깊은 산속으로 들어가 가족과 사랑했던 사람들에게 감사의 글을 쓰겠다."

그런데 나는 아무런 생각도 할 수 없었다. 기도도 할 수 없었다. 아니, 하기 싫었는지도 모른다. 그래도 나는 "솔직히 고백합니다. 저는 묵주 기도 중에도 '정말 하느님이 계실까?' 하고 의심을 많이 했었습니다. 그러나 지금의 저는 남편과 자식을 담보로 자식들 결혼할 때까지라도 살게 해 달라고 기도합니다, 하느님……." 하고 애원했다.

나는 여학교 때부터 쓰기 시작한 일기장과 소지품을

공터에서 태워 버렸다. 가슴 설레던 사춘기, 봉긋해지는 앞가슴을 숨기며 아주 특별한 설렘으로 만났던, 지금은 남편이 된 남자, 그리고 목숨처럼 소중히 품은 자식들. 이 모든 추억이 재가 되고 있었다. 나도 이제 한 줌의 재로 남겠지. 나는 두 무릎에 얼굴을 묻고 서럽게 울었다.

다음 날 외출에서 돌아와 보니, 막내아들이 불 꺼진 방에서 책상에 엎드려 울고 있었다. 그 모습에 속이 울렁거리며 숨이 턱 멈췄다. 나를 사랑하는 가족의 슬픔, 비통함에 너무 미안했다. 나는 선 채로 흐느껴 울었다. 막내아들은 내 허리를 끌어안고 울었다.

"승현아, 엄마 별일 없을 거야. 기도해 다오."

막내아들이 흐느껴 우는 모습에 어떤 강한 새로운 힘이 솟구쳤다. 그다음 날, 나는 둘째 아들에게 화원에 가서 꽃다발을 만들어 오라고 하고, 미장원에 가서 머리도 예쁘게 만지고 화장도 곱게 했다. 그러고는 꽃다발을 의사에게 주며 말했다.

"우리 가족이 다섯입니다. 선생님, 잘 부탁드립니다."

어느새 나는 호스피스 봉사자에서 암 환자로 처지가 바뀌었다. 동반자 입장이 되고 나니 충분히 암 환자의 마음을 이해할 수 있었다. 그 순간에도 나는 "안여일 씨, 오진입니다." 하며 퇴원하는 기적 같은 상상을 해 보았다.

베개 밑에는 남편과 M.E. 교육에 갔을 때 찍은 사진을 담은 작은 액자와 묵주를 묻었다. 남편은 자야 된다며 나를 재우려 했지만, 이 시간이 지나면 나라는 존재가 없어질 수도 있다는 불안과 두려움 때문에 잠이 오지 않았다.

"하느님, 살려 주세요. 살려 주시면 더 열심히 봉사하며 살겠습니다."

다음 날 새벽부터 간호사들의 발길이 분주했다. 수술 시간은 오전 7시였다. 나는 이동 침대에 누워 수술실로 실려 가면서 가족들의 걱정 어린 시선을 보았다. 맞잡은 남편의 손가락이 미끄러지듯이 살며시 떨어질 때에는 뜨거운 눈물이 흘렀다. TV에서 본 수술실 장면이 그대로 눈에 들어왔다. 천장의 크고 둥근 형광등 그리고 수술 기구들. 의사가 몇 마디 물어본 뒤 "하나 해 보세요."라고 했다. 하나. 둘. 셋. 그 이후는 알 수 없다.

  그런데 또렷하고 생생하게 기억나는 것이 하나 있다. 50여 년 전에 세상을 떠난 외할머니가 아주 큰 강물이 유유히 흐르고 평화로워 보이는 강 쪽으로 나를 막 끌고 갔다. 그런데 왠일인지 나는 가지 않으려고 필사적으로 버텼다. 그러다가 어쩔 수 없이 강 쪽으로 막 끌려가는데, 그 순간, 내 옆에 서 있던 하얀 모습의 사람이 내 정수리에 손을 얹었고, 그 순간 나는 외할머니의 손아귀에서 벗어나 모래사장 위에 엉덩방아를 찧고 주저앉았다.

  "아, 하느님이 살려 주셨어."

  그것이 비몽사몽 마취가 덜 깬 상태에서 내가 한 첫마디였다. 회복실에서 사랑하는 가족의 환한 미소를 보았을 때, 무한한 감격과 뜨거운 눈물에 목이 멨다. 수술한 지 13일 만인 그해 12월 30일 퇴원하는 날, 창밖에는 함박눈이 휘날리고 있었다. 아들 셋에서 용돈을 모아 새 구두를 사서 나에게 신겨 주었다. 남편은 자수정 반지를 손가락에 끼워 주었다. 새로움, 감사의 의미일 것이다.

퇴원 1개월 후, 항암제를 맞기 위해 병원에 갔는데 들어서는 순간, 울렁거림과 메스꺼움, 구역질에 식은땀이 등줄기에 흘렀다. 나는 침대 위에 누워 긴 시간이 소요되는 항암제를 맞고 집에 와서 그대로 쓰러져 정신을 잃었다. 항암제를 한 번 맞았을 뿐인데, 그대로 생리가 멈추고, 꽤 많은 머리카락이 손가락 사이사이에 거미줄처럼 걸렸다. 유방 절개, 생리 중단에 여자로서 미묘히 아려오는 아픔이 내 심장을 적셨다.

나는 거울 보기가 싫어 의식적으로 거울을 피했다. 그러던 어느 날, 거울을 봤더니 너무 낯익은 병원 암 환자의 모습이 보였다. 생기 잃은 눈동자와 수분이 빠진 푸석푸석한 피부, 맥반석처럼 노랗고 넓적해진 얼굴. 감았던 붕대를 풀고 거울에 비친 내 모습을 보며, 나는 땅에 무릎을 꿇고 '엄마'를 부르며 울었다. 예쁘게 낳아 주셨는데, 예쁘게 키워 주셨는데, 하늘나라에서 딸의 모습을 보고 얼마나 슬퍼하실까! 엄마를 부르며 얼마나 울었는지 모른다. 그래도 살아 있기에, 사랑하는 가족이 내 옆에 있어 감사했다.

퇴원 50일째 되는 날, 수영을 시작했다. 수영이라고 해도 물 위를 걸으며 팔을 물에 조금씩 마찰시키는 정도였다. 그리고 벽을 짚고 앉아 조금씩 팔을 들었다. 그러다가 머리도 빗고 팔을 들어 옷장도 닦게 되었다. 새살이 찢어지는 아픔과 통증으로 참기 어려운 시간들이었다.

노벨 문학상 수상 작가인 앙드레 지드는 "일생에서 질병만이 열 수 있는 문이 있다."라고 했다. 질병은 아픔과 고통만을 주는 것이 아니라 그것을 통해서만 깨달을 수 있는 긍정의 힘을 준다는 것을 말하는 것이 아닐까 싶다. 암 수술은 무엇보다 내 삶에서 가장 소중하고 값진 선물이었다. 생과 사의 갈림길에 섰던 많은 사람들을 통해 나는 삶과 죽음을 함께 배웠다. 삶의 마지막 순간을 경험해 본 사람은 삶에 대해 진솔해지며 스스로도 미처 깨닫지 못한 삶의 경이로움을 느끼게 된다.

나는 유방암 수술 전의 삶보다 얼마 남았는지 알 수 없는 지금의 삶을 더 사랑한다. 그리고 이 삶을 소중하게 여기고 감사하며 살아가려고 한다.

    내 생애 최고의 선물을 덤으로 주신 하느님, 이 죄 많은 육신을 씻어 주시고 사랑으로 끌어안아 주신 하느님. 주님께 "헛된 목숨을 살지 않게 지혜를 주십시오." 하고 기도해 본다.

🟠 내가 가야 하는 길

   미국에 사는 동생이 20여 년 만에 왔다. 우리 네 자매는 복잡한 일상에서 벗어나 설악산으로 3박 4일 여행을 떠났다. 돌아가신 부모님에 대한 그리움과 어린 시절 추억들을 이야기하며 울다가 웃다가 했다. 오줌 싸서 키를 쓰고 소금 받으러 갔다가 매 맞고 온 일, 친구와 남의 밭에 가서 무를 뽑다가 걸려 무밭에서 손들고 벌을 섰던 일, 겨울이면 벼를 벤 밑동을 가위바위보 하면서 칸칸이 밟으며 놀았던 일 등, 20여 년 동안 담고 살았던 말을 쏟으며 어린 시절 추억담으로 밤늦게까지 수다가 그치지 않았다.

   그러다가 새벽 2시에 휴대폰이 울렸다. 병원에 입원한 젊은 환자의 운명 소식이었다. 여행 가기 전날에 병원에서 그 환자를 만나고 왔었다. 그 환자는 업무상 술, 담배는 많이 했지만 등산, 수영도 열심히 했기에 건강에 이상이 없을 거라고 생각했다. 그런데 내과에서 정기 검진을 했다가 폐에 이상이 있음을 발견했고, 그 길로 종합 병원에 가서 검사를 받았다. 결과는 많이 진행된 폐암이었다. 기침만 조금 했을 뿐인데 암이라니. 그 순간, 그는 두려움으로 온몸이 떨리고 머릿속이 복잡했다고 했다.

건강이 회복되면 성당에 열심히 나가고 봉사 단체에 들어가 봉사도 하겠다고 약속했던 이 환자가 이렇게 빨리 떠날 줄 몰랐다. 새로운 희망을 갖게 하는 것도 병원이요, 절망을 주는 것도 병원인 것 같다.

'아! 이 행복한 시간에……'

잠시 침묵이 흘렀다. 그런데 10분 정도 후에 또다시 우리 집 근처에 사는 이 할아버지가 임종했다는 며느리의 전화가 왔다.

20여 년 만에 동생들을 만났기에 나는 갈등이 생겼다. 그러나 새벽에 나는 돌아갔다. 후회할 일을 만들지 말자는 마음과 책임자로서 내 책임을 다하기 위해서…….

맺음말

영원한 친구와 손잡고

　나에게는 내 나이만큼 오랜 세월을 함께한 그림자 같은 친구가 있다. 그런데 그동안 이 소중한 친구가 있다는 것을 잊고 살았다. 아니, 어쩌면 그다지 내키지 않은 친구였나 보다. 그러나 이제 나이 듦을 인정하며 고즈넉한 평화, 풍요로운 마음으로 여유의 세월을 품고 보니, 이 친구와의 필연적 만남을 문득 생각하게 된다. 이 친구를 진심으로 사랑하고, 언제 어디서 어떤 상황에서 만나도 두려운 존재로서의 만남은 아닐 것이다. 이 친구는 바로 '죽음'이다.

　그 누구도 죽음을 피해 갈 수는 없다. 죽음은 이 세상 여행을 마치고 고향으로 돌아갈 때 나와 함께 동행해 줄 친구다. 그동안 나는 많은 사람의 임종을 함께했다. 그렇기에 어쩌면 두려움이 몇 배 더 크게 느껴질 수도 있고, 그 과정을 너무 잘 알기에 오히려 평온한 마음을 유지할 수도 있다. 하지만 역시 죽음은 두려운 친구다.

사람들은 언젠가는 죽는다는 것을 알고 있으면서도, 죽음은 나와는 무관한 것처럼, 아니, 저 멀리 있는 것처럼 생각한다. 내 옆에 있는 이웃 또는 친구의 죽음 소식을 들으면 우선 내가 아닌 것에 안도의 숨을 쉰다. 대개는 죽은 이의 나이를 먼저 묻는다. 그러나 오는 길에는 순번이 있어도 가는 길에는 순번이 없다.

죽음에 대해 묵상을 할 때 삶의 질이 향상된다. 삶의 목표가 설정되고 죽음을 의식하기에 올바른 가치관을 가질 수 있다. 그러면 평화로이 죽음을 맞이할 수가 있지 않을까 하는 생각이 든다.

콜카타의 마더 데레사 성녀는 "인생은 낯선 여인숙에서의 하룻밤과 같다."라고 했다. 죽음은 그 낯선 여인숙에서 만나 함께 보내는 합숙객일 뿐이다. 참된 마음가짐만 있다면 모든 것을 초연하게 받아들일 수 있다. 죽음은 삶의 결정체라고 한다. 죽음에 직면해서 얻은 깨달음은 어떤 교수의 명강의보다도 뛰어난 위대한 가르침이다. 자신이 직접 경험하기 때문이다.

나는 하느님께 덤으로 받은 귀한 선물에 보답하려고 넉넉지 않은 주머니를 털어 가며 뛰어다녔다. 이 귀중한 하루하루를 헛되이 보내지 않기 위해 나를 필요로 하는 곳을 찾아다녔다. 나는 소외된 사람들의 손과 발이 되고 싶었고, 그들의 고통과 기쁨, 슬픔을 함께 나눴다.

우리 주변에는 생각보다 소외된 이웃이 많다. 가난한 임종 환자, 가슴이 시리도록 외로운 독거노인, 자식이 있어도 외면당하고 죽지 못해 사는 이들……. 나는 힘들게 살아가는 그 사람들을 찾아갔다. 나의 미약한 힘으로나마 정성을 다해 그 사람들의 여생에 함께하고 싶었다.

처음에는 가족들의 반대도 있었다. 건강하지 않은 몸으로 힘에 부치는 봉사를 한다며 걱정했다. 그러나 나는 하느님이 내게 덤으로 주신 생명을 나누고 싶었고 또 그래야 된다고 생각했다. 암 환자를 돌보고, 그들이 세상을 떠나면 내 가족 같은 마음으로 정성을 다해 씻기고 수의를 입혀 주었다. 나는 자녀들에게 재산을 물려주기보다 아름답게 사는 모습, 남을 배려하고 봉사하는 마음을 유산으로 물려주고 싶다.

나는 절망 속에서 하루하루 병마와 싸우며 고통받는 환자들에게 용기와 희망을 주고 싶다. "두려워하지 마시고 긍정적인 마음가짐으로, 먼저 나 자신을 사랑하십시오." 그리고 훗날 나는 아름다운 삶이었노라고 입에서 입으로 전해지는 비석을 세우고 싶다.

어린 시절 추억들이 새록새록 떠오른다. 아침 일찍 자전거 뒤에 생선 몇 마리 사서 달고 온 아버지와 착하고 예쁜 동생들의 모습, 나를 좋아한다는 남학생들의 편지, 추석 전날 선생님이 방심한 틈을 타 친구들과 영화 관람을 했다가 반 전체가 한 달 동안 반성문을 쓴 사건, 무전 여행을 하며 무임승차한 사건도 떠오른다. 여름 방학 때는 외삼촌하고 충청도의 깊은 산 외딴 산골 친척 집을 방문했는데, 이른 새벽에 이슬이 흩뿌려진 진회색 초가지붕 위의 하얀 박꽃을 보고 너무 아름답고 신비로워 넋을 잃었던 기억도 떠오른다. 어느새 내 얼굴에는 아름다운 추억들로 인해 행복의 미소가 떠오른다.

나는 그 무아지경 속에서 웃으며 떠나고 싶다. 내 손으로 희생의 씨줄과 사랑의 날줄로 수의를 짜서 내 몸에 두르고, 무덤 속에 묻히길 소망한다. 그 날에는 내가 떠나는 길에 촛불 밝히고 가족들이 둘러앉아 그동안 고마웠던 이야기, 사랑한다는 말을 나누고, 묵주 기도를 바쳤으면 좋겠다. 그리고 어린 시절 낯선 길 떠날 때 엄마 손 꼭 잡고 갔듯이 내 일생 넘치는 감사와 은총을 가슴에 담고 싶다.

나 떠나는 날

가을이었으면 좋겠다

만산홍엽

풀꽃 한 아름 안고

아름다운 세상

손잡고 놀아 준 친구

피와 살의 씨앗

산통의 흔적

눈빛 마주하며

청명한 밤하늘 수놓은

별들의 속삭임

귓가에 담으며

가을비 축축이 대지를 감싸는 날,

풀꽃 한 아름 안고 떠나고 싶다.

    오늘도 나는 덤으로 사는 삶 속에서 힘들고 어려운 이들에게 아주 작은 행복을 전할 수 있기를 희망해 본다. 그러면서 아픈 가슴만큼 뜨겁게 사랑을 베풀고자 한다. 그리고 이 세상 떠날 때는 두 손 모아 하느님께 바칠 내

이력서를 들고 임 부르시는 소리에 미소로 응답하고자 한다.

"네, 아버지! 저 영원한 친구와 손잡고 가고 있습니다."

부록

그리고
남은 이야기

●

한 중학생 아들이 갑자기 심장마비로 세상을 떠난 아버지의 입관 때 "일어나세요. 아빠, 일어나세요. 왜 거기 누워 계세요? 빨리 일어나세요." 하며 오열했다. 하관 때는 국화꽃잎이 뿌려진 관 위에서 큰 절을 두 번 올리는데 뜨거운 눈물이 관 위에 뚝뚝 떨어졌다. 하관 예절이 끝나고 사람들이 산에서 내려가는데 아들은 눈물을 주체할 수 없이 흘리며, 하늘을 향하여 목청 높이 아버지를 불렀다.

"아빠! 아빠!"

나이도 어린 학생이, 이렇게 애절하게 아버지를 보내는 모습은 처음 보았다. 가슴이 아팠다. 나는 아들의 어깨를 감싸며 산을 내려왔다.

●

큰 꿈을 안고 유학을 떠났다. 가정 형편이 여유가 있는 것도 아니었는데, 아버지가 암으로 세상을 떠나자 집안에서 자신이 맡은 역할이 크게 느껴졌다. 무엇인가 이루어 놓아야 한다는 막중한 책임감을 갖고 살았다. 그렇게 유학 생활을 하던 중, 매우 어려운 병명인 임파 암을 발견했다는 32세 환자. 어머니에게 너무 죄송스러워 눈길을 피했다고 했다.

너무 무리하게 레일을 달리다 보니 탈선이 왔다고 했다. 유학을 떠나지 않았으면 이런 일이 없었을 것 같다며, 효도하며 어머니와 잘 살려고 했는데 불효자식이 되었다고 했다. 환자의 입관 때 어머니의 절절한 아픔이 느껴졌다. 자식을 가슴에 묻는 아픔!

어느 날, 수간호사님의 전화를 받고 이 선생님이 세상을 떠났다는 소식을 듣게 되었다. 내가 유방암으로 정기 검사를 받던 날, 나를 진찰하던 이 선생님의 안색이 좋지 않아 환자인 내가 "선생님, 어디 편찮으세요?" 한 일이 있었다. 선생님은 그냥 피곤해서라고 했지만, 나는 예사롭지 않은 느낌을 받았다. 수간호사님에게 조심스럽게 물었더니 간암이라고 했다. 너무 놀랐다. 선생님은 나에게 각별히 신경을 써 주었다. 유방암 환자를 위한 강연 시간에 나에게 20분의 시간을 할애해 주었다. 그러면서 나 자신을 사랑하고 긍정적인 사고를 가지고, 남을 배려하고 봉사하는 삶을 살라고 했다.

병원 영안실에서 이 선생님이 미소 짓고 있는 영정 사진을 보자 눈물이 왈칵 쏟아졌다. 나는 분향의 예를 갖추고 부인에게 나를 살려 주신 선생님이라고 인사했다. 어떻게 의사 선생님이 당신 몸을 돌보지 않으셨는지 모르겠다고 내가 넋두리하며 울던 일이 생각난다.

●

이탈리아 어느 시골 마을의 가정집에 방문했다가, 그곳의 넓은 마당 한 귀퉁이에 있는 지하실로 간 일이 있었다. 그곳은 가족 납골당이었는데 넓은 천장을 스테인드글라스로 장식했고, 그곳으로 빛이 들어와 지하실 안이 환했다. 그리고 벽 쪽을 대리석으로 장식하고 상단에는 동으로 부조를 만들었다. 그곳에는 탁상도 놓여 있었고 책도 몇 권 놓여 있었다. 예쁘고 간결하게 꾸며진 납골당, 정말 아름답다는 인상을 받았다. 우리도 한번 생각해 볼 수 있지 않을까?

●

성당에서 만나면 극진한 태도로 다가온, 얌전하고 조용했던 자매님. 병중에 있던 자매님이 임종 전이라는 연락을 받고 만나러 갔다. 자매님이 나에게 천국 가는 길이 어떤 길이냐고 물었다. 나는 당황스러웠다. 이 자매님이 듣고자 하는 말을 내게서 얻을 수 있을까? 나는 얼른 생각나는 대로 '아름다운 추억을 가지고 꿈꾸듯이 가는 길'이라고 말했다. 자매님은 마지막 가는 길을 고향에서 보내겠다며 떠났다.

●

교통사고로 중환자실에 입원해 있던 환자였는데, 면회 시간에 갑자기 임종하는 바람에 나 혼자 임종을 지키고 가족은 임종 후에 도착했다. 그 후 가족들은 나에게 진심으로 감사를 표했다. 나는 임종을 지키는 복이 있나 보다.

●

결혼한 어떤 남자가 젊은 시절에 바람을 피웠다가 부인에게 들켜 곤욕을 치른 일이 있었다. 그때 남자는 진심으로 사과했고 그런 일은 두 번 다시 일어나지 않았다. 그러나 부인은 심사가 뒤틀릴 때면 옛날 일을 들추어냈고 그때마다 남자는 달래 주었다. 하지만 이런 일이 여러 번 반복되자, 남자는 계속 사람을 힘들게 한다며 이제는 지겨워서 못살겠다고 했다. 심지어 이혼해 버리고 싶다고까지 했다.

나는 부부를 특별한 곳으로 초대하고 싶다고 말했다. 그곳은 화장터였다. 내가 사랑하는 남편, 아내가 한 줌의 보잘

것없는 뼛가루가 되어 나올 때 우리가 서로 사랑하는 부부였는지 생각해 보라고 했다. 그리고 그때도 이혼하고 싶은 마음이 들면 그 자리에서 바로 이혼 도장을 찍어 버리라고 했다.

소록도 한센인들에게 식사를 대접하려고 뜻있는 분들이 모은 돈을 봉투에 넣어 수첩에 끼웠다. 그러고는 은행에서 일을 보는데, 그 사이에 모르는 전화가 여러 번 왔었다. 그러다가 다시 전화가 와서 받았다.

"안여일 씨입니까?"

"네. 누구세요?"

전화한 상대는 나에게 수첩이랑 봉투를 잃어버리지 않았느냐고 했다. 그때서야 나는 화들짝 놀라 가방을 확인하는데, 있을 리 없었다. 그분은 수첩과 봉투를 줍고 나에게 바로 전화를 했는데 받지 않아서 집에도 못 가고 있다고 했다.

그러면서 우물터에 줄무늬 남방을 입은 할아버지를 찾으라고 했다. 허둥지둥 우물터로 가서 할아버지를 찾았는데, 직감적으로 그분이 전화한 분임을 알 수 있었다. 나는 앞으로 가서 인사를 했다.

"고맙습니다."

할아버지는 수첩을 보니 좋은 일을 많이 하는 사람 같아 바로 전화를 했는데 받지 않아서 우물터에 앉아 기다리고 있었다고 했다. 나는 소록도에 다녀와서 전화라도 할 수 있게 전화번호를 물었고, 그 후 할아버지와 차를 함께 마시며 감사의 인사를 했다.

●

명동 성당을 가기 위해 전철을 탔다. 전철 안에는 많은 사람들이 서 있었는데 좌석은 넉넉하게 비어 있었다. 웬일일까 살펴보니, 찌든 배낭을 보물단지처럼 꽉 끌어안고 머리는 장발에 시큼하고 퀴퀴한 냄새가 나는 사람이 앉아 있었다. 노숙자였다. 나는 노숙자 옆의 빈자리에 가서 앉았다. 노숙자가 나를 힐끗 쳐다봤다. 씻지 않으면 다 똑같은 냄새가 나는 법이다.

●

할아버지가 재산이 꽤 있었던 모양이다. 아들딸도 궁색한 것 같지는 않았다. 어느 날 자식 중에 제일 잘나간다는, 요즘 말로 '사'자 붙은 아들이 나에게 만나자고 했다. 사실 할아버지가 나에게 많이 의지했고, 자식들 이야기도 자주 했기에, 아들은 재산이 쪼개지나 생각하고 있었던 것 같다. 참으로 한심하고 측은해 보였다. 아들은 내 이야기를 듣고는 죄송하다고 했지만, 사회에서 인정받는 직업을 갖고 있으면서 돈에 눈이 멀어 부모를 욕되게 하는구나 싶었다. 사과하고 돌아서는 아들의 뒷모습이 참으로 초라해 보였다. 자식이 돈으로 인해 바르게 살아온 부모를 욕되게 하는 일을 나는 여러 번 봤다.

장지가 먼 관계로 새벽이 출관이었다. 추운 겨울날, 컴컴한 밤길을 걸어 온 자매님이 나에게 사람이 길에 쓰러져 있는데, 무서워서 피해 왔다고 했다. 이 추운 날 사람이 쓰러져 있으면 얼어 죽을 것 같다는 생각에 걱정되어 그 자매님과 함께 그곳에 가 보니, 건물 가로수 옆에 40대로 보이는 남자가 나무에 기대고 있었다. 자세히 보니 술이 많이 취해 있었다. 남자의 휴대폰은 배터리가 다 나가, 연락할 길이 없었다. 하는 수 없이 따귀를 여러 차례 때렸다. 그때서야 그 남자가 술 취한 목소리로 물었다.

"왜 그래요?"

"얼어 죽어요."

　집 전화번호를 물어도 알려 줄 수 있는 상황이 아니었다. 나는 따귀를 몇 대 더 때렸다. 그리고 정신 차리고 집으로 가라고 하며 함께 있던 자매님과 일으켜 세워 보냈다. 집까지 데려다 주고 싶었지만 출관 시간 때문에 그렇게 하지 못했다.

명동 어느 사무실에 볼일이 있어서 갔는데 마침 점심때라 사무실 문이 닫혀 있었다. 어떻게 할까 서성대고 있는데 조금 열린 옆 사무실 문 틈에서 수화기에서 나오는 듯한 사람 목소리가 희미하게 들렸다. 이상해서 살짝 들여다보니 전화기 줄이 늘어져 있었고 수화기에서 "용석 아버지, 용석 아버지." 하는 여자의 목소리가 들렸다. 다시 안을 둘러보니 남자가 쓰러져 있었다. 나는 너무 놀라 얼결에 수화기를 들고 "여보세요." 했다. 상대방이 나에게 누구냐고 물었다.

"옆 사무실에 볼일이 있어 온 사람인데 사람이 쓰러져 있었어요."

아마도 통화 중에 심장마비로 쓰러진 것 같았다. 상대방은 쓰러진 사람이 자기 남편이라며 병원으로 옮겨 달라고 했다. 급히 119에 연락해서 그 사람을 병원 응급실로 옮겼지만 이미 숨진 상태였다. 나는 부인이 올 때까지 그곳에 있어야만 했다. 그 사이에 119 직원의 신고로 경찰이 와서 나에게 이것저것 물었다. 나가는 사람은 없었는지, 왜 그 자리에 내가 있었는지 물으며 내 신분을 알기 위해 내 신상도 물었다. 그러고 나서 얼마나 시간이 지났을까? 사색이 된 부인이 와서 경찰들에게 해명했다. 부인은 남편과 돈 문제로 다투었는데 갑자기 아무 소리가 없어서 계속 이름을 불렀다는 이야기를 내게 했다. 그래도 그때 내가 전화를 받아서 병원으로 옮긴 거라며 나에게 고맙다고 했다. 참으로 황당한 일이었다. 나는 볼일도 뿌리치고 성당으로 가서 성체 조배를 하며 깊은 묵상을 했다.